POOR RICH BOSS BOSS

穷老板 富老板

苏清涛 著

中国发展出版社
CHINA DEVELOPMENT PRESS

图书在版编目（CIP）数据

穷老板，富老板 / 苏清涛著. — 北京：中国发展
出版社，2017.11
ISBN 978-7-5177-0766-0

Ⅰ.①穷… Ⅱ.①苏… Ⅲ.①企业管理 Ⅳ.① F272

中国版本图书馆 CIP 数据核字（2017）第 235359 号

书　　　名：穷老板，富老板
著作责任者：苏清涛
出 版 发 行：中国发展出版社
　　　　　　（北京市西城区百万庄大街 16 号 8 层　100037）
标 准 书 号：ISBN 978-7-5177-0766-0
经 销 者：各地新华书店
印 刷 者：三河市东方印刷有限公司
开　　　本：880mm×1230mm　1/16
印　　　张：10.25
字　　　数：207 千字
版　　　次：2017 年 11 月第 1 版
印　　　次：2017 年 11 月第 1 次印刷
定　　　价：49.00 元

联 系 电 话：（010）88919581　68990692
购 书 热 线：（010）68990682　68990686
网 络 订 购：http://zgfzcbs.tmall.com
网 购 电 话：（010）88333349　68990639
本 社 网 址：http://www.develpress.com.cn
电 子 邮 件：370118561@qq.com

坚持理想，顺便赚钱

一

2016 年 9 月份，在我的个人微信公众号"扯淡不二"粉丝数达到99950 的时候，我以"壮士断腕的魄力"做出了一个令很多朋友无法理解的决定——更新频率从原来的周 2~3 次改为"不定期"，可能是隔几周才一次，甚至是不更新。这基本上等于是彻底放弃了，只在"有话憋不住非说不可"的时候才更新一下。

自 2015 年 6 月起，以个人单打独斗的方式做到这个粉丝规模，对我这样一个草根作者来说，算是一份很漂亮的成绩单了；并且更重要的是，由于我一贯坚持"绝不迎合读者"，也使得我的读者质量要比绝大多数公众号的粉丝质量高很多，这也是曾经一度很值得我自豪的。还有一个意外收获是，公众号的文章已经集结出了三本书，尤其是仅在 2015 年 10 月份，就有 20 多家图书出版机构找过我，放在几年前，这简直是不可想象的。

到了 2016 年下半年，已经有一些粉丝量级跟我差不多的业余自媒体作者辞去工作全职做公众号了，因为公众号每个月的广告收入可达 3~5 万。那个时候，也有不少人跟我谈合作，希望能对我的号进行商业化开发，但我却意兴阑珊。"我兴趣点已经转移到商业写作了，不想再把时间和精力耗费在这个鸡汤号上面了。"

那时，我已经加入秦朔朋友圈写商业观察栏目有半年时间了，对这个领域越来越有兴趣，也越来越"有感觉"。我已断定，商业类写作将是我未来的事业方向，在精力有限的情况下，已经小有成绩的鸡汤号被视为"累赘"，不再眷恋。

二

我对商业、对企业和企业家的兴趣始于 2006 年。那时候我大三，有一次在复旦文科图书馆读马立诚著的《新中国私营企业风云录》，读上了瘾，我开始远距离"进入"一个精彩无比的世界。因为这本书，我连续兴奋了好几个月。

以前，我最喜欢读各种官场小说，但自看过《新中国私营企业风云录》之后，几乎所有的官场小说在我眼里都黯然失色，我也渐渐地不看这类书了。2017 年上半年，《人民的名义》刷屏的时候，我一集也没看过，但几乎同一时期，我却在追一部商业剧《鸡毛飞上天》——此前的几年，我追过的商业剧还有《大清徽商》《温州一家人》《温州两家人》等。

当然，我的阅读兴趣发生这种转变，并不是因为财经作家的水平比官场小说作者的水平高，而是我通过对商业史和政治史的对比发现，在推动社会的进步方面，商业的力量要比政治的力量伟大和有趣得多——政治，并不直接创造价值，它只是进行"价值分配"，并且这个分配的过程可能还是充满了血腥的；而商业在更多的时候能直接创造价值，尤其是像腾讯这种科技公司，已经不再局限于创造物质文明，它们还能通过创造精神文明来重塑人类的生活方式。

另一方面，就我有限的经验来看，企业家群体的个人魅力也要超过官员群体，他们身上有更多的思想和趣味值得挖掘。像冯仑这种儒商，一度让我感慨"最有思想、最会写作的人，其实不在学术界和媒体，而是在商界"；互联网大佬们冰桶挑战赛中雷军脸上那种充满了孩子气的笑，又让我发现这个群体的"会玩、有意思"。

我是在农村长大的，以前可能是因为在 20 世纪 90 年代里的长辈普遍经济负担重和穿着比较"沉重"的原因，我一度认为"过了 35 岁就算中年人"了；后来进入城市之后，发现 35 岁还算"年轻小伙子"，渐渐产生了"45 岁才算中年"的意识；但再往后，当我对企业家的关注越来越多的时候，我发现，这个群体中的很多人，哪怕到了六七十岁，也仍然有着"二三十岁的朝气"。

"越往上层走"，人就越有激情，我对身边一些同事年纪轻轻却成天混日子、糟蹋生命的现象早就见怪不怪，因此，包括了一大批"老男人"在内的企业家群体更加让我心驰神往。

三

大学毕业后的前六年，我一直在制造业里面做项目管理和销售，深刻体验到企业在实际运作中的一些痛点，常常感到很压抑，但又找不到一个渠道把自己的所思所想表达出来。恰好，有段时间读马立诚和凌志军合著的《交锋——当代中国三次思想解放实录》，在震撼之余，我产生了"做个记者，去记录这个时代"的想法。

再往后，读吴晓波的《激荡三十年》时，"以一个记者的身份去接触企业家群体和观察商业世界"的念头就更加强烈了。2013 年，我离开制造业，进入媒体，但因为之前业余写的都是些鸡汤，没有财经作品写作经验，没有财经媒体肯接纳我，无奈之下，我选择了"曲线救国"——先进入一个党刊作为过渡。当时，为了争取到这个"跳板"，我不惜长途跋涉，从江苏镇江奔波到成都参加面试，两个来回的火车硬座，单程 33 小时。

后来，真正把我带进财经媒体、让我有机会近距离接触到企业家群体并撰写出自己向往已久的商业报道的贵人，是秦朔老师。

2015 年下半年，因业余做的公众号质量还行，并且创造出十几篇全网阅读量超过 100 万的鸡汤文，在杂志社里算是"边缘角色"的我却意外地在"鸡汤界"小有名气了。我常常为"总编副总编都是我的粉丝""一篇文章被超过 3000 个号转载"这种事情沾沾自喜。但后来，因为一件事，我开始为自己的这种心态感到羞耻了。

2015 年 12 月份，秦朔老师的《反思富豪十大过错》一文在刚发出来尚未火起来的时候，我便在第一时间看到了，当时心下便想：这就是我长期以来想写的那种文章啊。不过坦诚讲，我最喜欢的并不是影响力最大的这一篇，而是接下来的《悲情不是中国富豪的宿命，我信中国赢》系列——因为这三篇里面提到的"新型政商关系"的透彻思考是一种趋势性的东西。

那天，我对杂志社的主编说："最近连续看到秦朔的反思富豪系列，我真为自己曾经得意洋洋的那些鸡汤文感到羞耻，都是些什么玩意儿啊！鸡汤文是很多牛人都能写但人家不屑于写或没时间写的，这种深度商业观察的门槛就高多了。"本来希望她能说句'你太谦虚了'安慰一下我，结果她居然同意我。"是的，像这种没有长期的积累、没有深厚的功力，是写不出来的！"她这个回应让我十分受伤。

那段时间，我也常常焦虑："长期待在体制内媒体写一些枯燥乏味的八股文，这辈子是不是就被毁掉了？"我既迫切需要转型，又希望能继续留在媒体行业，因为我觉得对喜欢写作的人来说，记者是最好的职业。在跳槽前，我想到的第一个"下家"便是秦朔朋友圈。感谢秦朔老师，敢于冒险接收我这个没有一点财经报道写作经验的菜鸟。

多年来，面对一份新工作，我的不自信都是一以贯之的。担心自己的知识储备不够、担心试用期不能通过，反正就是担心我做不好。幸好，我在报到后第一周写的两篇文章《对"匠人精神"的过度发挥，加速了日本制造业的衰败》和《为什么95后很少使用微信》便产生了很大的影响力——如果说后一篇"只是阅读量超高，不能说明什么"的话，前一篇则是在中欧的EMBA微信群这样的高端圈子产生了很好的反响。

初战告捷后，我便对自己有信心了。此后，我开始快节奏又乐此不疲地跑论坛、跑会议、跑采访，我特别用心地去从活动现场从一大堆无效信息中挖掘最有价值的信息点。有时，参加同一个论坛，有的老记者会抱怨说"这个论坛质量不高"，但我却兴致很高，并能从中挖掘出两篇稿子。

有一次跟一个同学聊天时我说："以前经常听说财经记者压力大，但我作为一个'以高产而著称'的新手，却丝毫不觉得压力大。"同学说："因为，在你看来，一天工作12个小时才是正常的！"微斯人，吾谁与归？！

四

秦朔朋友圈是个非常好的平台，在这里，记者不仅有机会接触到全国商界最优秀的头脑；而且，因为秦朔老师给记者的自由度特别大，记者也可以任性地提自己感兴趣的选题进行发挥。

如果要列举几样"你最感兴趣的事"，我的第一项肯定是"求知"；我甚至说过，"我常常对那些跟求知无关的事情怀有深深的敬意"。而商业的世界里既有价值又新鲜好玩的事情实在太多，可以极大地满足我的好奇心和求知欲。为了追求"乐趣最大化"，我打算把有限的精力全部放对商业的学习和写作上面；此外，出于虚荣心，我也希望能集中心思写一些高质量的有影响力的商业报道"给一些水平比我高的人看"。

在这个时候，曾被视为我的"最高成就"的个人微信公众号就成了一个"累赘"。在我减少乃至停止更新后，很多朋友都很替我感到惋惜，他们希望我能深度开发一下，有人还对我这样说："以你现在的水平，完全可以依靠微信公众号单干了，怎么还在给别人打工呢？"我纠正说："1. 我对自己的公众号进行商业开发，可以赚点钱，然后又能怎么样呢？到现在，再写鸡汤对我已经没多少挑战了，我一直认为，做自己完全能够胜任的事情就是浪费时间。2. 做商业报道，是我更热爱的事情，所以，哪怕是依托了别人的平台，也不能算是给别人打工吧？"

但无论是之前写鸡汤，还是后来写商业，有一个原则我是始终如一的：不会为了点击量而盲目追逐一些价值并不大的热点，只有当我对某个问题本来已经思考得比较成熟了，恰好有个相关的热点出来的时候我才会"顺势而为"。这跟秦朔老师一再强调的"先叫好,再叫座"是一脉相承的。不追热点,有一个意外的好处就是我的文章一般没有什么时效性,不存在"过期"的问题,一年半载之后还可以看。

去年,我一共在秦朔朋友圈发过100多篇文章,在此,选出其中30多篇时效性不强、自己也比较满意的文章,再加上其他几篇没有公开发表过的文章,共45篇,集结成本书。

五

看书名"穷老板,富老板",可能会有人觉得"太土"或"太俗",但我觉得,俗了才能接地气。

看了目录,你可能会觉得很多文章跟"穷老板、富老板"没多大关系。我要纠正一下,除了第五章主要是写给"小人物"读的之外,前四章收录的文章,都跟各位老板的事业或命运息息相关。

当然,在各章里,"穷老板"或"富老板"的含义不完全相同,在此做个简单的解释:

1. 在第一章的语境里,"穷老板"指处于起步阶段的创业者、菜鸟,"富老板"则指已经功成名就的企业家;在这个急剧转型的时代里,一部分先知先觉的企业已经在不同的维度上完成了转型,而另一部分尚在黑暗中摸索,我们也可以说,后者是"穷老板",前者是"富老板";与国际巨头和全球最长寿的日本金刚组相比,大部分中国企业都算是"穷老板"。

更简单粗暴地说,"穷老板"是指"做得差的",而"富老板"是指"做得好的"。"富老板"们不仅有成功的秘密,还有失败的教训,他们是值得"穷老板"们学习的素材。《每个企业家心里都住着一个"安迪"》一文是谈企业家精神的,无论是富老板还是穷老板,都能从这里找到共鸣。

2. 第二章收录的文章,基本都是站在投资人的角度点评创业者。投资人和创业者是创投界的阴阳两面,双方既是密切的合作伙伴,又充满了激烈的矛盾。创业者常常抱怨自己的项目这么好,为什么融不到钱,投资人则在心里鄙视,你的项目那么烂,谁愿意往火坑里跳呢?

有话说在明处。如果投资人能光明磊落地把自己的"投资逻辑"讲出来,创业者将会少走很多弯路。因此,在这一章里我把需要融资的创业者归为"穷老板",而那些握有巨资花不出去的投资人则是"富老板"。"穷老板"只有细读并理解了"富老板"们的所思所想,才能把对方的钱"骗"到自己口袋里。

3. 第三章目录中的"好人赚钱"是秦朔老师在《反思富豪十大过错》和《悲情不是中国富豪的宿命,我信中国赢》里面提到的一个词。"好人赚钱"也是秦朔老师一直倡导的商业文明的核心。

对"好人赚钱"我是这样理解的:企业家在追求利润的时候不损

害社会利益，"不作恶"，甚至是把社会利益放在优先于企业利润的位置。企业不把追求利润作为最高甚至唯一的追求，而是在为社会创造价值的过程中顺便获取一些利润，借用冯仑的话说就是"坚持理想，顺便赚钱"。对这些企业家来说，心安理得要比账户上的钱和公司的市值更重要。

在第三章的语境中，这些以文明的方式挣钱的"好人"，因为有着精神上的富足，所以他们是"富老板"；而那些为了挣钱不择手段、毫无底线的老板，因其欲壑难填而显得精神贫瘠，他们是真正的"穷老板"。在商业文明的意义上，"身价很高"的企业主也可能是"穷老板"；而一个没多少钱的"小老板"也可能是"富老板"。

第三章后面的三篇则是从消费者和普通社会成员的角度去谈商业文明，意即商业文明和社会责任，不仅仅是企业的事，也跟普通消费者息息相关。作为消费者的普通民众，不能谴责起企业家来理直气壮，而自己日常却做一些很不文明的事。"商业文明不仅是 to B 的，而且也是 to C 的"，这算是对秦朔老师倡导的"商业文明"的一个必要补充。

4. 无论"穷老板"还是"富老板"，都要受商业规则及趋势的制约。比如，如果不守法，哪怕是"富老板"也有"翻船"的可能；再比如，不懂移动互联网时代的游戏规则，大品牌也会不停地栽跟头；又比如，去东南亚投资建厂，如果不了解清楚当地的"国情"，"富老板"也可能叫苦不迭；还有，面对大数据以及随之而来的 C2B 等新趋势，掉头慢的"富老板"们更应该提前做好布局等。

5. 第五章的内容，可能"富老板"和"穷老板"都不大感兴趣，因为这一章基本是写给"普通老百姓"的，这个群体才是主流。

一方面，我们不以收入论高低，根据精神状态的好坏将员工分为两类：一类是那些以打工的心态消极混日子、缺乏激情、整天哀叹工资低却又不采取措施的人，我们称之为"穷员工"；另一类是指那些以老板的心态来做事，心态阳光积极上进的员工，我们称之为"富员工"。

另一方面，员工的命运又不能完全由自己掌控，因为要受到大的商业环境的影响。对那些处在朝阳产业中、有很好的发展前景的员工，我们称之为"富员工"；对那些处于逐渐没落的行业的员工，我们称之为"穷员工"。

"一个人的命运，当然要靠自我奋斗，但也要考虑历史的进程。"这句经典名言说得好啊。就比如我自己，当年做保险不出业绩的时候，我绝对不会想到自己能够在这个碎片化阅读的时代通过"碎片化的写作"变成"大V"。我在老家的父母曾长期担心我没钱娶不起媳妇，他们万万没料到，我单靠写作就能"骗个媳妇"。

以前流行一句话"当上门女婿，少奋斗几十年"；如今，对我等除了些许才气一无所有的屌丝来说，则是"感谢微信公众号，让我少奋斗了几十年"。

六

这是我的第一本写商业类的书籍，虽然已经努力在自己的能力范围内做到了最好，但由于个人知识的局限性，仍有尚待完备之处。有愿意批评指正的，欢迎扫描书背面二维码加我个人微信交流；有希望继续看的我的作品的，可关注"秦朔朋友圈"微信公众号，我以后还会继续在这里发表文章。

2017 年 7 月 2 日

目录

Contents

第一章 别人家老板，走过的桥比你走过的路都多

第三章 『好人赚钱』与『有钱也不能任性』

第四章 富老板也要『讲基本法』—— 规则与趋势

第 一 章

别人家老板，走过的桥比你走过的路都多

1. 这个"老不死的",屹立 1400 年而不倒——
全球最"高寿"企业的启示

　　"打造百年老店",在商界是一个已经很老套但永远都不会过时的话题。不过,如果按照日本企业的标准来看,"百年老店"充其量只是一个"小目标",套用现在比较流行的一句话说就是"比如,我先活个100 年"。

　　去年年底,在中国人民大学商学院新年论坛上,据日本经济大学研究生院院长后藤俊夫先生披露,如今在日本,寿命超过 1000 年的企业竟然有 21 家!其中,寿命最长的是成立于公元 578 年的金刚组公司,至今已经有超过 1440 年的历史了,它也是全球历史最悠久的企业。

　　金刚组公司的发展史,也是一部日本企业史的缩影。透过这家公司,我们能找到那些长寿企业身上一些共性的东西(工匠精神,这两年已经谈得过多了,本文就不提了)。

专注本业，经得起诱惑

公元 578 年，南北朝时期的中国正战火纷飞。此时，在"飞鸟时代"的日本，伴随着佛教的传播，专营佛寺建筑的"金刚组"诞生了。

此后 1400 多年岁月中，金刚组以承建佛舍、寺庙等宗教建筑为主，留下了大量珍贵杰作。始终专注本业是其成功的重要原因之一（其实，这是日本企业家的普遍共识，长寿企业的领导者们大都不会随意搞多元化）。

在重视佛教的日本，金刚组从事的寺院建筑行业是任何朝代都需要的工程。虽然每个时代总有溢价更高的其他行业出现，但金刚组却始终坚持初心，抵制诱惑。在一个珍贵的桐木箱子中，至今保存着 1801 年金刚组第 32 代首领金刚喜定的遗言家训，主要包括：敬神佛祖先；节制专注本业；待人坦诚谦和；表里如一。其中的"专注本业"，在金刚组的兴衰史中显得特别"生死攸关"。

在明治维新时期，天皇废佛毁寺，大规模反佛运动让金刚组失去了原有的业务支撑。面对这种不可逆转的局面，工匠们开始转型商业建筑的建造维修，度过了危机。

第二次世界大战期间，整个建筑业全面凋零，金刚组又转向军用木箱和棺材生产，躲过一劫。不过，金刚组并没有离开建筑业领域，无论是基于核心业务的纵深开发，还是通过较低的木材处理工艺暂时生存，金刚组都顽强地活了下来。

然而，坚持主业对任何一家公司来讲都是很难的抉择。20 世纪 80 年代，金刚组看到房地产业发展红火，没能抵住诱惑，购买了大量土地。但过度扩张的行为最终引发庞大负债。90 年代开始，日本泡沫经济破灭，金刚组负债累累。

2006 年 1 月，株式会社金刚组因无力清偿庞大负债，而在家族第 40 代传人金刚正和的手中宣布清盘，被高松建设收购合并。但经过各方努力，新公司最终保持了"金刚组"的名称，并延续了公司原有的组织结构，传统因此而被传承下来。

金刚组进军房地产的教训是深刻的，纵使是千年老店，也不能随随便便"炒房"。今天，金刚家族家训中的名句——"莫贪图赚太多钱"，再次警示着每一位匠人。

选好接班人——以有利于家业传承为原则

日本的长寿企业，几乎全都是家族经济。

后藤先生在做海外的家族企业和日本家族企业的对比时发现，在意大利，家族企业一旦获利，会倾向于尽快出售；在朝鲜半岛这个地区，大家认为长时间经营商业或者自己的家族企业存续时间太长是一种耻辱，所以他们并不会长时间发展自己的家族企业。而在日本，家族企业都有一种强烈的意志，要把自己的家业传承下去。

这些家族企业，都很重视培养接班人。"富二代"们在很小的时候就被灌输一种意识，"你将来是要继承家业的"，因此，他们很注重历练。

以金刚组为代表的一些长寿企业，还不采用"长子继承制"，而是选择有责任心、有智慧、有敬业精神的儿子继任基业。甚至也不限于儿子，在没有儿子的情况下，通过招上门女婿，让其改姓以保证传承衣钵。

进入昭和年间后，传承到第37代的金刚组迎来一次大考验。第37代首领金刚治是个不折不扣的技艺工匠，却对各项经营活动兴趣缺乏，使得金刚组业务受阻。1932年，金刚治觉得辜负祖先重托，在先祖的墓前自杀了。家族危亡之际，金刚组毅然打破传统，由金刚治的妻子吉江继任，成为历代中第一位女首领。如此大胆的举动在当时引起了巨大的社会震动，而正是这位女首领，上任后带领金刚组摆脱了危机。

重视"人和"，得人心

日本的长寿企业都很重视跟"利益相关人"的关系。比如，关心员工的家人，有的家庭的爷爷以前是这个企业的员工，现在，爸爸和儿子也同时在这里上班。这就很容易获得员工的忠诚度。

除此之外，长寿企业还非常重视客户与合作伙伴甚至区域社会的利益。后藤先生在调查中发现，很多长寿企业宁可牺牲自己的利益也不愿意牺牲合作伙伴的利益。

后藤先生说，只要访问日本的长寿企业，不难发现这样一个事实：这些长寿企业的家训，很多都是基于儒教订立的。

一个非常有名的家训叫作"先义后利"，取自荀子的一句话。而这个家训就是大丸百货商店的，它创自于1736年。而引入"先义后利"做家训也是在1736年，大丸百货商店非常重视信用，因为救助了非常多的穷人，也被称之为"义人"。

另一个非常有名的家训是"积善之家必有余庆"，取自《易经》。后藤先生在采访日本的长寿企业时经常看到类似的家训。

日本人曾在4000家老企业中展开调查，让企业用一个字揭示其"长寿秘诀"，选择最多的是"信"字，第二位是"诚"字。这种"诚为贵"的操守，坚定长久地传达着企业踏实质朴的产品价值观和责任感。正因为如此，这些企业很容易获得广泛的外部支持。

后藤先生说，中国人也应该重视社会关系资本，更好地运用社会资本来服务于家族企业的发展。

不急着"做大做强"，不上市

日本的长寿企业还有一个共同点：重视长期的可持续发展，不盲目追求企业规模的扩大。

后藤先生在调查中发现，对长寿企业来说，10年是短期，30年是中期，而 100 年才算长期。短期、中期的行为都会对长期产生影响，因此，每一代家族企业的经营者在做决策的时候不仅要考虑到自己这一代，还要考虑到下一代，甚至是再下一代。也即是说，家族事业的规划具有长期性。

长寿企业们还特别重视防范财务风险，而这主要靠的是不急功近利。这些公司并不急着把收益都分配给股东，反而是尽可能留在企业内部，其目的是应对未来的不可预期的风险。

此外，据东京商工调查公司的一份调查报告，不上市也是很多企业长寿的秘诀之一，因为，上市之后就得受制于资本市场，容易进行浪费投资和轻率扩张业务等，而不上市的话，反而更能慎重地运用资金。

日本企业不作老大，不要求效率最高，他们宁肯做老二、老三，在效率和安全上保持着一个微妙的平衡。

即便是有非常大的事业发展的机会，但是为了整个家族事业的安全考虑，企业的经营者会有意识地规避掉大的、更好的机会。不要超过自己本身的能力，不过分地扩大自己的经营，这一点在日语当中也有个专门的说法，叫作"身高经营"。

后记 >>>

在论坛现场，记者向后藤先生提了一个问题：中国人自己对要不要做百年老店的心态其实是很矛盾的——如果父亲是大企业的掌门人，他一定是希望孩子能继承家业的，哪怕没有儿子，只有一个对企业管理并不感兴趣的女儿，也希望能朝这个方向培养；但如果一个爷爷是卖拉面的，他肯定不希望孙子来继承家业。我不知道您如何看待这样的矛盾？

后藤先生答道："无论多大的企业，都是从零开始的，所以，不要歧视家族的小企业，而是不管它是大也好小也好，都要怀抱着敬意。我认为最重要的不是这家企业现在的规模是大是小，而是未来把它做成一个什么样子，所以哪怕是一家小企业、小规模的公司，它也有自己的顾客，也有它过去的历史，如果以此为背景，让它10年增长10倍、20年增长100倍，这难道不是一个更好的解决方案吗？但要注意一点，不要跨越自己的能力边界。"

2. 如果你不希望员工"同床异梦"，就拉他们 "入伙"

"拿到年终奖就辞职"，此刻，一定有很多人的心里在打这个算盘吧？似乎，一到了年底，老板们就成了"弱势群体"。

其实，即便在平时，也总有一部分员工让老板很不省心：如果一天的有效工作时间是 8 个小时，他们真正用来工作的时间不到 5 个小时，其他时间都在"磨洋工"，一天到晚想着几点下班、什么时候放假；另一些员工呢，虽然平时恪守敬业，也特别能干，可"一不小心"就自立门户，成了老板的竞争对手，把前老板杀个措手不及。

深究下去不难发现，造成老板与员工关系紧张的深层原因是：员工总习惯给自己贴上"打工仔"的标签，因而，"做一天和尚撞一天钟"便成了常态。当然，这个问题并非是无解的。近几年，越来越多的公司尝试着用"合伙人制度"来扭转"员工只是打工仔"的心态。结果，员工不仅进取，而且乐意"卖命"。

转变"打工仔"身份

2009 年，阿里巴巴 18 名创始人宣布辞去"创始人"身份后，公司开始寻求和尝试合伙人制度。

2011 年，小米自创业之初就实行了股份合伙制——共有 8 位合伙人，据公开资料显示：雷军持股 77.8%、黎万强持股 10.12%、洪峰持股 10.07%、刘德 2.01%，典型的股份合伙制，而其余初创期的 40 多名员工自掏腰包成为公司的初始股东。

2013 年，海尔提倡进行企业平台化、员工创客化、用户个性化的"三化"改革，把员工变成公司的合伙人。

2014 年，万科宣布，第一批 1320 名核心员工成为公司的事业合伙人。

2014 年，乐视宣布推出"超级合伙人 LePar"加盟模式，将乐视电视的销售从线上延展到线下 (体验店)。

2015 年初，美的集团推出核心合伙人计划，推动核心的管理团队从职业经理人向合伙人转变，实现责任共担、价值共享。

……

长期以来，实行合伙人制度的企业主要集中在投资银行、律师事务所、会计事务所和咨询公司等"人力资本是核心资产"、工作实行"项目制"的行业。这些合伙制企业，所缴纳的是"个人所得税"，他们是不能上市的。但近些年，一些传统的以"公司制"方式运作的企业也加入了合伙人制度的行列。

2016 年年底，在"中国人民大学商学院 2017 新年论坛"上，"新合伙人制度"方面的专家、中国人民大学商学院教授周禹在一场演讲中说：将来，雇佣关系会进化成合作关系，薪酬分配也一定会变成权益分享。

周禹认为，"合伙人制"是相对于雇佣制来说的，其本质在于建立一套企业经营机制，转变"打工仔"的身份，实现事业共创、利益共享、风险共担的机制，为人才提供创业平台，帮人才实现人生价值。

"别人家公司"都是怎么合伙的？

当然，"合伙人制"只是一种比较笼统的说法，具体到各公司，情况并不完全相同。

1. 华为：全员持股

华为，尽管从未明确提出采用合伙人制，但实际上，它的"全员持股"就体现出了明显的合伙化的特征。8.6 万名核心人才成为公司事业合伙人，拥有"虚拟股份"。所谓老板只占 1% 多一点的股份，其余的大多数留给了奋斗者、贡献者（虚拟股份实质上是一种享有企业分红权的凭证，不享有其他权利，因此，虚拟股份的发放不影响公司的总资本和股本结构）。

2. 万科：跟投制度

在万科，除了建立合伙人持股计划外，还有一个"跟投制度"。即对于今后所有新项目，除旧城改造及部分特殊项目外，原则上要求项目所在一线公司管理层和该项目管理人员必须跟随公司一起投资。员工初始跟投份额不超过项目峰值的 5%。

3. 海尔：人人都是 CEO

海尔的合伙人制度改革主要有以下几大特点：

第一，企业平台化与权力下放。改革后的海尔总部不再是管控机构，而是转型为一个资源运筹与人才整合的平台。企业不再强调集中式的中央管控，而是把权力下放到最了解市场和客户的地方去。

第二，人单合一自主经营体。即运用会计核算体系去核算每个员工为公司所创造的价值，依据员工所创造的价值来进行企业价值的分享。这种模式使海尔内部形成了无数个小小的自主经营体，员工自我经营、自我驱动。

海尔的配送派单由过去的雇佣制转变为"车小微"，员工自己购买车辆，加盟海尔的物流配送系统，每天抢单、送货、安装、维修，收益按比例分成。"我现在平均每天接单四到五个，加上车的成本的话，平均每个单子至少净赚 60~70 元。买车花了两万块，基本一个月之内把买车的投入都赚回来了。"海尔原服务中心的高如强成为海尔的"车

"小微"后如是说。

第三，员工创客化。海尔内部设立了专门的创业基金，并与专业投资公司合作，支持员工进行内部创业。员工只要有好主意、好点子，公司就可以给资金，鼓励他组建队伍去创业，而且员工可持股。

以前，公司会强调"以某某某为核心"，员工只是任务执行者，而现在，强调"人人都是 CEO"，人人都成为自主经营体，员工也可以去做 CEO 做的事情。管理者则要从发号施令者转变为资源的提供者和员工的服务者。

这一变化有三个特点：从领导分配任务到自己找"用户"；从公司发放薪酬到自己找"订单"从而得到酬劳；从被雇佣关系倒合伙创业关系。

需要注意的是，在合伙人制推行的过程中，必须减少"行政干预"，员工一定是自己找位置、自己找团队，自己找自己在大平台中的价值点，而非人力资源部主导、安排。从海尔来看，这样的双向选择，会使得那些对平台、对各个合伙人团队没有任何价值的工作不再有人为其支付酬劳，对平台和合伙人团队没有任何贡献的人员一定慢慢地找不到自己的岗位，最终实现企业的内部净化。

4. 家装 4S 网：不用怕员工离职

电商企业家装 4S 网制订了一套符合传统零售业的"店铺合伙人"模式，当前国内不少知名品牌如苏宁、美的、天虹都在使用类似的合伙制度。

比如一家企业有 30 间实体店，每间有一个店长和 4 个销售员，那么可以在不增加成本的情况下，让店长和销售员都迅速升级成 5 个合伙人，每个合伙人拥有携带自己独立标志的微商城。

这种模式有如下几大好处：

1.店员不必出资就能成为"老板"，拥有自己的微商城。这就给员工提供了一个真正无门槛、无风险、零库存的创业平台，满足了她们当老板赚钱的梦想。由于合伙人带着的是一种创业的心态，她们就不会坐在店里傻等客户上门，而是会主动出击，通过更多的渠道去做好客户管理。

2.店员离职要付出很大的"退出成本"。由普通销售员晋升为更高一级销售员是需要付出很多血汗的，舍弃的代价是很痛的。所以销售员会在收益与成本的对比关系的约束下，经过利弊权衡而不会轻易离开企业。

3.店员离职也不会影响生意。一般情况下，店员离职时都会带走一部分老客户。但如果他做了店铺合伙人，即使离职了，他仍然可以继续经营微商城，卖产品仍有佣金拿。更重要的是，企业不需要再给她发工资，但她还会继续帮企业卖货，何乐而不为？

财散人聚

合伙人制度的"疗效"为何会这么好？

在企业的传统利益分配模式中，股东、管理层、员工之间的关系是自上而下的指令关系和分配关系。企业的管理决策从上向下传达，下级被动接受指令，在此过程中，下级本身的理解能力、个人利益和主观动力等原因导致执行力度层层递减，最终导致经营效率的损失。同时，企业经营成果的分配完全由上级决定，员工完全处于被动的状态。

而在合伙人制度中，员工不再是单纯的劳动力出卖者，他们成了自己的主人。由于角色的转变，上下级之间单项命令式的管理所带来的消极作用被消除，管理成本也就下降了。在这种情况下，员工更愿意付出，因为这样的付出和自己的收益直接相关。

哈佛大学教授理查德·弗里曼从 20 世纪 90 年代开始，一直在持续做分享型资本主义的研究。研究发现，在收入分配方面，分享制是比工资制更好的制度——当企业采取分享性机制以后，每提高一个标准差，制造业可以增加 8%~9% 的生产率，非制造业可以增加 10%~11% 的生产率等，并且，员工流失率也降低了。

智慧的企业家，一定是善于跟员工分享利益的。

上个月，河南天明集团董事长姜明在接受记者采访时说："在未来，创业不一定是自己当老大，也可以自己占股 5%、10%，跟别人合伙创业。未来的企业制度就是平台加个人，大家都是合伙人。"

用规则来减少"阵痛"

任何变革都会带来伤痛，合伙人制度也不例外。

比如，海尔在从传统的组织结构向合伙人制度转变的过程中，这家曾经组织明确、流程严谨的公司，逐步进入了混序甚至无序状态，组织进入失控状态，很多员工会不适应，找不到人做决策和签批，不知道自己怎么获取订单；内部市场化、自由竞争，从同事变为同行、从协作变成了竞合，同事之间互相争抢订单，等等。

不过，这种失控是将习惯了打卡上班领工资的员工转变为自主经营体的一个适应过程，正是在这种"乱象丛生"中会走出一批批真正适应市场、能抓住市场、有外部竞争力的团队和经营体，实现最终的转型和成功。

值得一提的是，在当导入合伙人制度的同时，还必须导入法治化的管理体系，让员工懂得敬畏和遵守规则是最合伙人制度的最基本精神。绝大多数企业的员工都非常反感和抗拒各项管理制度，因为现行的企业中员工只是企业用钱买来出力的"牛"，只是一种阶级性的雇主关系而已。而当员工转变为合伙人后，员工就会自愿遵守甚至主张建立制度管理。

当然，也一定会有人不遵守游戏规则，他们会成为合伙人制度的阻力。原因很简单，合伙人制度改革动了他们的奶酪。

　　但我们都知道，往往某项变革让别人痛了，正好说明变革有了效果，所以不必担心，接受阵痛，没有谁的奶酪是不能被动的，一些变革动了某些人的奶酪，恰恰说明变革真的落到了实处。

3. 让3亿人"喜欢上了拥堵的交通",他是怎么做到的?

"我喜欢早上八点钟浑浑噩噩的公交车,我喜欢下班后拥堵的高架,我喜欢辗转反侧的失眠,我喜欢做不完的家务,我甚至喜欢拉肚子,是的,你没听错。我喜欢堵车路上的充实……我喜欢孤独,我喜欢无聊,因为,在无聊的时候,我听到了各种精彩……在需要的时候,陪在你身边,来喜马拉雅FM,享受新声活。"

虽然这只是一段广告词,然而,作为一个每天晚上都会一边跑步一边在喜马拉雅上听书的人,我却感同身受。在一场创新创业的沙龙上,喜马拉雅创始人余建军分享了他的创业经历、创业心得以及自己对互联网创业的一些思考。

"放弃已经拥有的优势,做个趋势性的东西"

在过去的十多年里,余建军一直在互联网领域创业。初到上海时,刚开始做软件,后来又向互联网转型,"因为,做软件虽然赚钱,但体量比较小。"于是，他就又做了街景地图，可以把城市扫描下来，在地地图上搜索。转型了半天，发现这还是个烧钱的活儿，所以，后来又把街景地图卖给了百度。

余建军自称因为对细分的领域挖得很深，有很多技术优势，然后就形成了路径依赖，"有点调不出来"。于是，后来他又做了一个那里世界，把全景录入一个虚拟世界里去。"今天 VR 很火，但我们当时是把它做成一个 Web 版的虚拟世界。但结果并不如愿，这是我们造的一个乌托邦。虽然拿到了两三千万的天使投资，但还是输得一塌糊涂。事实证明，到现在为止，虚拟世界的产品，没有一个活得很好的。"

余建军坦言，自己经历过非常痛苦的转型过程。2012 年上半年，团队决定破釜沉舟，"放弃自己已经拥有的优势，站在一个路人甲的角度，做未来趋势性的东西、对用户来说是刚需的东西，而不是所谓的'风口'。"于是，就有了喜马拉雅。这次，余建军成功了，且成长势头一发不可收拾。

到目前为止，喜马拉雅有 2.8 亿的用户，市场占有率高达 60%~70%，每个用户每日平均收听 110 分钟。这些数据，基本上验证了余建军当时的判断。

未来，音频是一种全新的生活方式

为什么选音频这个方向？七八年前，余建军看到一篇关于日本的文章，说在日本移动端的流量已经超过了 PC 端的流量，当时，他就觉得这个趋势肯定不局限于日本，也一定会在中国出现。在余建军看来，"移动互联网起来，一定会带来一些变化。"

这个变化到底是什么呢？就是使用场景的变化。跑步、开车……这些碎片化的时间，你怎么用？这些场景，在过去，是无法使用互联网的，但现在可以了。并且，在你跑步和开车的时候，文字和视频都是不方便的，只有音频方便。"所以，我们当时判断，音频可能是最优的纯移动的媒体。因为音频具有伴随性，你可以一边做别的事情一边听。"

虽然余建军自己认准了，但其实当时很多人都不认可音频这个方向。"不过，我觉得，对我们小团队来说，这反而是个机会。互联网领域的创业机会，就像冲浪一样，是一波一波的，如果错过了，再去赶前一波，基本上没什么戏了。'Me too' 必死，做追随者是没什么意思的，我们必须去创造一个新的东西。"

主意打定之后，接下来就是一个从下到上的验证问题。2012 年 8 月份起，余建军的团队首先花两个月时间做了一个简易的版本，然后分发给 200 多熟人朋友，看他们用了之后会不会产生一种依赖感。结果余建军惊喜地发现，有 70% 的种子用户都喜欢并依赖上它了。

有些人会说，音频没什么用，跟我没什么关系。但套用赵本山的一句广告词，音频的好处是"谁用谁知道"。比如，逻辑思维最初在优酷上播放视频，每集的播放量是 100 多万，但在喜马拉雅上播放音频后，播放量达到了 200 多万。吴晓波频道，在喜马拉雅上的音频播放量是在爱奇艺视频上的 4 倍。"似乎，与娱乐类的内容相比，对知识类内容的传播，音频形式比视频形式更受欢迎。包括财经类的也是如此。"余建军对规律的总结可谓精准。

喜马拉雅的用户增长这么快，主要是靠口碑传播。一个家里有一个人用，其他人会问，你对什么这么着迷，他会说，是喜马拉雅。就这样，用户规模迅猛增长。

下一步，喜马拉雅还将围绕手机、汽车等硬件不断地分发，提供一个喜马拉雅 Inside，让所有的硬件都能很方便地连接到喜马拉雅上。比如，一些款式比较老的汽车上没有蓝牙，喜马拉雅会帮助他们做一个辅助设备，让车跟手机连接起来；跟保险公司合作，车主买了车险之后，保险公司就把喜马拉雅提供的设备当礼品送给车主。

余建军提出一个"新声活"的概念，意思是说，音频会成为移动互联网时代一种全新的生活方式。音频可以跟人们的每个生活场景发生链接，成为一种全新的生活方式。

声音淘宝，让有才的人有财

在余建军的理解中，喜马拉雅不仅是一个音频 APP，而且还是一个音频生态圈。

"喜马拉雅重新定义了电台，将传统的电台整合在一个平台上。此外，我们还从上游来重构音频内容的生产方式，让每一个有才的人都可以通过这个平台把自己的作品加工出来。在下游，我们重构内容的分发方式。现在，喜马拉雅成了一个内容微创业的平台。"

现在，喜马拉雅正在形成一个内容创业的孵化体系。喜马拉雅可以为内容创业者提供数据分析服务、变现服务，甚至帮助内容创业者跟投资基金对接，让很多内容创业者能从零开始成长起来。

余建军发现，现在每个行业都在被解构和重构。"这里面有一个规律是，个人从组织中解放出来。无论是淘宝、微信公众号，还是起点中文，在很多领域都有一个平台，这个平台上面有很多分散的内容生产者。在这种'大平台 + 小老板'的模式下，每个人都可以很方便地实现自我价值，更多的人有了一个微创业的机会。"

余建军早在三年前就预测到，内容创业会成为风口。"因为，好的内容，一定是自带流量、自带商业变现能力的。"上线之前，喜马拉雅在微博上找了大量的能做音频节目的人，邀请他们做主播、签版权，形成上游的壁垒。

如今，在喜马拉雅上，一个优秀的主播，一年的广告收入可达到200 万。余建军的愿景是，做一个"知识的淘宝、声音的淘宝"，同时，"也让有才的人有财"。

创业心得

在如此丰富的创业实践后，余建军对创业有了很多独到的见解。现简单摘录如下：

1.互联网科技领域的创新有一个规律：从 PC 到智能手机，再到可穿戴设备，这个方向是"一切为了我"，所有的创新离我越来越近；第二个是"为了我的一切"，即创新在不断地进入细分领域、不断地分化。

2.机会往往出现在"突变期"，如市场的剧变，像智能手机的普及等；再比如政策环境的变化。创业者需要对这种趋势变化保持敏感。

3.做减法很重要。很多人做项目，担心一个功能把用户留不住，所以又做了很多别的功能。这个功能还没做完，钱就不够了，所以你就死在半路上了。好的创业是，在功能上做减法，不断地砍，砍到只留下一个非做不可的功能为止，再把它做到极致。

需求的强度、宽度与频度

有的项目看起来很酷，甚至是除了我之外别人都不能做，但这种项目未必能产生商业价值。这就涉及需求的三个维度——强度、宽度和频度。

需求的强度：这需求是不是刚需？是不是有痛点的需求？它是锦上添花还是雪中送炭？

需求的宽度：这需求是大众的还是小众的？高水平的创业者和投资人往往对需求的宽度有很强的把握能力，一看就知道是否是大众的。需求的宽度会不停地变化，我们需要找的是那种短期是小众而长期是大众的需求。这种需求是已经根植于人内心的，只是因为传播渠道的狭窄或内容供应不丰富，才没有表现出来。

需求的频度：这个需求是经常性的，还是偶尔的？多久一次？

我们做一个项目的时候，一定是先从高频切入。比如，大众点评做创业的时候，刚开始是做餐饮，而不做婚纱摄影。因为婚纱摄影虽然客单价高，但频度比较低。微信刚开始是做聊天、朋友圈，后面才考虑支付、公众号、游戏。对高频需求的满足，可以把用户黏住；但对低频需求的满足，往往是高价值的，这正是商业变现的机会。电商的运营也是如此，高频的东西，往往是能带来流量但不赚钱的，低频需求的产品，往往是高额利润的来源。

高频领域的人往往可以一脚跨入低频领域，并且特别牛；而低频领域的人则很难跨入高频领域。很多时候，创业者都不知道自己是怎么死的。你认为自己是被同行中的竞争对手给干掉的，但实际上是被那些从高频领域跨界进入的人干掉的。我们一直担心，微信、视频、音乐软件，这些更高频领域的公司会不会跨界搞音频，把我们干掉。所以，我们要建立自己的竞争壁垒。

同时，我们要想商业化，就得考虑如何跨入那些需求频率比我低、但价值比我高的领域。

4. 每个企业家心里都住着一个"安迪"

"我们知道，作为一个企业家财务自由太重要了，但'财务自由'只是其中的一部分……今天 WISE 大会开场的视频中有一个镜头是《肖申克的救赎》，男主角在监狱里，谁来说说这个镜头到底是什么寓意？显然，在电影里面这位被诬陷的银行家，他希望获得的自由不是财务上的自由，更多的是身体上、精神上、灵魂上的自由。"12 月 6日，在 WISE2016 独角兽峰会上，王石在分享自己对自由的理解时提到了电影《肖申克的救赎》。

无独有偶，前段时间"隐退已久"的陈天桥在接受秦朔老师采访时也提到了《肖申克的救赎》。陈天桥说："我希望集合各种最前沿的科学家做研究，希望有方法让我们通过控制知觉来控制世界、改变世界。你看《肖申克的救赎》中的男主角安迪，不比我们高多少、壮多少，但他的精神世界绝对是超人，用最勇敢、最持久的办法修了通道，最后逃出来。不一定每个人都是物理世界的超人，像蝙蝠侠或者什么侠那样。但是我们每个人都可以做精神上的超人。"

虽然陈天桥谈《肖申克的救赎》的视角跟王石不完全一样，但它们都共同指向"精神的力量"。出于好奇，笔者在网络上检索了一下，结果发现，在公开场合谈过《肖申克的救赎》的企业家远不止王石和陈天桥、360 董事长周鸿祎、新东方董事长俞敏洪、前中国航油（新加坡）总裁陈久霖、缤纷嘉年华董事长付睿等商界大咖都曾表示自己很喜欢《肖申克的救赎》，并谈及这部电影对自己的影响。

为什么这么多企业家都喜欢《肖申克的救赎》？在写这篇文章之前，笔者把这部电影重看了一遍，然后发现，我们通常谈的"企业家精神"或"企业家素质"，大都能在影片中的安迪这个角色身上找到影子。

坚持的耐心与等待的耐心

安迪为了成功越狱，用那个小锄头挖地道，一共挖了 19 年；为了建图书馆，他给州议会写信请款，一周 1 次，一共写了 6 年。能对一件枯燥乏味的事情投入这么多时间，不断重复，这种耐心真不是一般人能有的。

当商界大佬们在舞台上、屏幕前出现的时候，都很风光，但实际上，在日常的工作中，有太多一地鸡毛的事情，大多数努力不过是简单又貌似枯燥的重复。对这些烦琐的事情，大多数人都没有耐心坚持下去。所以，大部分人也都无法成为卓越的企业家。最终的赢家，一定是那充满了超凡耐心的人。

耐心，不全是坚持的耐心，还包括"等待的耐心"。

何谓"等待的耐心"？俞敏洪讲过一个故事：我的司机到野河里钓了一堆鲫鱼，说要做鲫鱼汤喝。我看每条鱼都活蹦乱跳的，就说留下两条，放到我家的鱼缸里。然而，等我下班回家后，发现我养在鱼缸里的两条鱼已经自己跳出来，干死在地上了。

在故事的结尾，俞敏洪补解释说：这两条鱼是为了寻求自己的自由才跳的，可它们如果稍微有点耐心，就能在鱼缸里活下来，并且某一天我一发善心，就把它们放回到大河里去。当我们遇到困境的时候，就像鱼在玻璃缸里根本看不到出路的时候，人最大的能力就是安心等待。

在影片中，安迪的地道绝不是在逃跑的当天才挖成的。他一定已经挖好有一阵子了，只是在等一个可以安全逃脱的时机。等机会真的来临的时候，他行动力超强，一眨眼就不见了。因此，这是一个很"沉得住气"的人。

企业家们也常常面临类似的问题，比如，在跟竞争对手的较量中，优秀的企业家都不会盲目求快，鲁莽行动；相反，"伺机而动"才是正道。

脑袋决定屁股

安迪被关禁闭，暗无天日三个月，别人问：你怎么忍受得住？安迪答道：因为有莫扎特陪着我。

人跟人层次的差别，在很大程度上源于独处能力的差别。如果你是一个没人跟你闲聊就能憋死的人，那你必定是成不了大器的。相反，我们发现，能成大事者必定具备享受独处的能力。

而独处的能力往往又取决于你在独处时如何利用时间。我们发现，那些一流的企业家，哪怕是在身陷牢狱之灾的时候，也能重复利用闲暇时间"练功"。

现在，我们都知道"褚橙"很有名，但我们不知道的是，褚时健并不是出狱之后才开始做褚橙的，早在监狱服刑期间，他就产生了种植冰糖橙的兴趣。当褚时健在狱中踱着步子，丈量着果树之间的株距和行距的时候，他的内心一定有一种东西，是体制和围墙触不到也圈不住的。

陈九霖也在书中流露，自己原本是过人上人的日子，当他被命运推入狱中后，如《肖申克的救赎》中的律师一样，他曾愤怒到欲撞墙，但很快适应了，他展示了自己的智慧与觉悟，开始有计划地读书、锻炼、写作，还交了很好的朋友，丝毫没有让"地狱"的日子浪费。

牟其中、兰世立、唐万新等企业家在监狱的时候，也从未停止过读书看报。这也是他们日后"东山再起"的基础。

写完上面几段，我还想到一个有意思的现象：从绿皮火车到普通火车硬座、普通火车卧铺、高铁、飞机经济舱、飞机商务舱，噪音会越来越少。

为什么呢？越往上层走，人的时间价值就越高，因而，利用闲暇时间的方式也更文明——不喜欢用毫无意义的废话和嘈杂来消磨时间。换个角度说，也许是利用闲暇时间的方式决定了你的屁股能坐在绿皮火车上、普通车卧铺里、高铁上、飞机经济舱还是飞机商务舱里。

很多人会想当然地说这是"屁股决定脑袋"，然而我想说的是，更大的可能是"脑袋决定屁股"——即你的脑子里想的什么，你利用时间的方式决定了你的屁股能坐在什么位置上。

"违反人性"的自控力

有一段时间，微信朋友圈被"首富的一天"刷屏，王健林在2016年11月30日的行程表显示，首富是在当日4点起床，飞行6000公里，停留两个国家三个城市，签约500亿合同。文章的基调是"比你牛100倍的人比你还努力100倍"。

对我们这些喜欢睡懒觉的大多数来说，首富的严格自律连"榜样"的效果都没有，因为我们"真的是起不来啊"。不过，在首富的圈子里，能有这种毅力的企业家（或职业经理人）并不在少数。比如苹果公司首席执行官库克在业界以早起出名，员工会在凌晨4∶30就收到他的电邮，且每日如此，库克也会在5点钟准时出现在健身房。

有一次，一个企业家朋友在微信上说：经过我和团队三个月没有性生活的努力后，APP终于上线了。"三个月没有性生活"可能是戏言，但企业家们的自控力常常是"反人性"的，这一点是毫无疑问的。

说到毅力，我还想到两年前就很流行的一个说法：成功的企业家，大多数身材很好。当然，并不是因为事业上的成功导致他们有了好身材，也不是因为好身材导致他们取得了事业上的成功，而是在事业上的成功和身材好的背后都有一个共同的原因：自控力。

无论是健身还是节食，都需要很强的自控力。

如刘强东在透露自己减肥成功的原因时特别提到了饮食，早餐牛奶加上鸡蛋，中午水煮白菜，晚餐是牛奶加上蓝莓，"控制住自己的嘴巴"。郁亮通过"每天跑 20 公里"减肥的故事则更为外界所知悉，据传，有一次郁亮计划跑 20 公里，到了终点都停了下来，但看到手上的 GPS 手表显示还差 50 米，他还是去再跑了 50 米；夏天碰到暴雨，很多人就不跑了，郁亮还是会选择在安全的前提下去跑，或者跑去健身房完成 20 公里。

这种自控力，既是他们坚持健身和节食以保持好身材的原因，也是他们在事业上取得成功的重要原因。

激情与灵魂自由

不过，对坚持跑步所需要的"自控力"，郁亮自己有另一番解释："如果真的要跑步，那么你的动力不应该是坚持的毅力，而是快乐运动，只有这样动力才够持久。"

他能每天坚持跑步 20 公里，靠的并不是毅力，而主要是激情。如果没有激情的话，毅力就不过是一种苦逼而已。

企业家们身居高位，是游戏规则的制定者，在很多时候，并没有人来考核他们，但他们还是特别努力地工作，甚至经常给自己"找活干"。为什么呢？因为，企业家是内在驱动型的人物，他们做事，并不是为了应付考核，而是受自己的激情驱使。

因为有这份激情，企业家要比跟他们同龄的其他人显得更有朝气、更有活力、更年轻。企业家们的青春期往往要比普通人长得多。普通员工中，二三十岁就尸位素餐，整天浑水摸鱼、牢骚满腹的一大把，但那些优秀的企业家和企业高管，在六七十岁的时候，还活力四射，不知疲倦地工作、亲力亲为地做公益。

以前，我曾经狭隘地认为，把钱作为最重要的追求，甚至是唯一的追求，是很低级的，人总得读点书、懂点艺术，才算得上是有精神生活，这样生命才是完整的；但2012年年底在看连续剧《温州一家人》时，我突然感觉到：像周万顺这样的农民企业家，他们身上体现出的那种朝气和持久的激情让人觉得，哪怕他们从来不读书、不看电影、对艺术一窍不通，哪怕金钱就是他们的"唯一追求"，他们的生命也照样是丰富的、有厚度的；因为，他们在创业中表现出来的韧性和激情，让他们追求物质的同时成了"精神生活"。

看一个人有没有精神生活以及精神生活的质量，并不是看他做了多少看起来很文艺很高雅的事情，而是要看他在做这些事时的态度是积极的还是消极的，他所感受到的是乐趣还是负担。

比如，一个大学的博士生导师，哪怕他的学识很渊博，如果他并不喜欢教学工作，也不喜欢做学术研究，那么，他就是没有精神生活；相反，一个生产线上的工人，如果他发自内心地为自己的工作感到自豪，并且总是自发地琢磨着如何改进生产流程、提高效率，以期从工作中获得更多的成就感，那么，哪怕他的学历很低，哪怕他从来不读书，他也应该算是有丰富的精神生活的（这并非空洞的假设，我在老东家的生产车间就碰到过这样的员工）。

职业不分贵贱，但人们在具体的职业中的心态一定有贵贱之分。一个快乐的清洁工，也要比一个苦逼的"知识分子"高贵得多。

我曾总结出一个有意思的规律：那些以打工者的心态来赚钱的人，往往都是牢骚满腹、叫苦不迭，动辄抱怨赚钱的各种艰辛；而以老板的心态赚钱的人，则是再苦再累也在往前冲，尽管在有钱后他们也未必更幸福，但总体上，与前者相比，他们的确能从赚钱的过程中获得更多的乐趣和成就感。

在开头，王石提到灵魂自由比财务自由重要得多，而在我看来，精神生活丰富而快乐的人，更容易获得灵魂的自由。

《肖申克的救赎》中，安迪有一句台词是"在忙碌中活着，在忙碌中死去。"我觉得，这句话并没有说完。对那些热爱生活的人来说，应该是忙碌并快乐着、忙碌并自由着。相信每一个有企业家精神的人都会有这样的感悟。

5. 斯坦福大学凭啥成为"全球第10大经济体"？

当"清华教授被骗1760万"的新闻爆出来之后，很多抓不住重点的人都在质疑"一个教授哪来这么多钱，是不是灰色收入"。不得不说，这些人对教授的认识还停留在半个世纪之前——在当今，大学教授是可以很有钱的。尽管该案中教授的"巨款"是卖房所得，但这并不是"富教授"们最主要的财产来源。

教授赚钱的典型方式是与企业"搭上关系"。与经济学教授一般是通过在企业里担任独立董事或顾问等获取一定收入不同的是，大学里的理工科教授，是通过"产学研结合"的方式来赚钱的。教授们要么是为企业的研发提供智力支持，要么干脆自己创办企业，将自己的研究成果转化为产品、推向市场。

在全球各大高校中，斯坦福大学在产学研结合方面做得最成功。我们熟悉的谷歌、英特尔、思科等公司均属于"斯坦福系"。"如果把斯坦福大学历届师生们所创办的公司联合起来组成一个经济体，则它所创造的GDP，可以排在全球第10位。"9月18日，斯坦福大学终身教授张首晟在一场演讲中以此来形容斯坦福在产学研结合方面的成就。

斯坦福大学的教授们不仅自己创办企业，而且还纷纷当起了投资人。有机构做了一个"全球100位顶尖级投资人及出身"的榜单，统计显示，斯坦福大学的校友占了33席，比哈佛大学（25名）还多。像张首晟教授，他不仅荣获多个顶尖级的科研奖项，而且还在斯坦福大学任创业导师、天使投资人，帮助多位学生创办公司。

实际上，全世界的第一笔风险投资就诞生于斯坦福。1929~1933年大萧条期间，斯坦福大学有两名本科毕业生非常优秀，但找不到工作，当时的工学院院长亲自写了一张5000美金的支票，支持他们创业。这家公司就是后来的H&P。

谷歌的拉里佩奇等，搞出按搜索结果排序这个技术的时候，他们还在读博士。他们当时打算100万美金把这个技术卖给雅虎，然后回来继续读博士，结果雅虎根本就不鸟他们。最后，还是斯坦福的大卫教授开了10万美金的支票支持他们做下去。

斯坦福的教授们既投自己的学生创办的公司，也投同事们的公司。和美国的其他大学相比，斯坦福的面积特别大，因此，有三分之一的老师可以住在校园里面。这就多了一些新的互动机会，比如，有一次张首晟的孩子跟邻居的孩子一起踢足球时，张首晟发现邻居是计算机系教授，他想了新的虚拟机 Virtural Machine，可以使 Windows、Mac 等不同的操作系统在同样的物理机上运营；现在所说的云计算，也建立在这个基础上。经过几次交流后，张首晟投资了邻居这个叫VM Ware 的公司，后来，这家公司的市值在最高的时候达到了480亿美元。

"天使投资，让我体验到斯坦福的伟大，它是真正的产学研结合的典范。今天，大家都讲机会来自跨界，但怎么跨呢？我如果整天坐在物理楼里面跟物理学家聊天，就无法跨界；但在校园里随便这么一溜达，跨界的机会就来了。"张首晟说，无论是在论文答辩的时候，还是在喝咖啡的时候，教授都能最先接触到最前沿的科技，并不失时机地投资。

"张首晟这样的斯坦福教授们既是前沿科技的创造者、探索者，同时又是科技转化变成商业成果的实践者。但为什么这样的形式在美国很容易成功呢？"8月份，在亚布力企业家2016夏季高峰论坛上，道同资本创始合伙人张醒生自问自答道："因为国家有法令和税收方面的支持，使得美国教授创业成为可能。"

张醒生说，在美国，大学和企业之间有着天然的连接，新成立的公司都与大学相关联，大学先是将研究的课题进行产业化转换，然后再引入专业公司把这个项目做大。

在20世纪80年代，美国高校的科研团队遇到一个问题：科研资金有一部分来自政府资助，那么经政府资助产生的科研成果该归谁呢？这个问题不解决，就没法进行产业化。

1984年，参议院出了一个法案，规定大学搞出来的科研成果可以扩张到社会。具体操作上，科研成果的专利所有者如果自己不经营企业，他的专利被其他公司应用的话，收入分成一般是 1/3 归企业、1/3

归学校、1/3 归个人——这个人不出去创业，坐在那里收钱就可以了。政府虽然做过前期投入，但它并不会要求占任何公司的股份。此后，美国掀起了创新从校园向社会转换的高潮。

中国正在从制造业大国转型创新大国，大家迫切感觉到自己需要到硅谷、斯坦福学习。但很多企业家到斯坦福，顶多只是照几张相，他们还不清楚如何跟斯坦福合作，于是，2013 年，张首晟教授与谷安佳博士联合创立丹华资本。"丹"既代表斯坦福（又译为史丹福），又有"赤子丹心"之意，"华"取自中华。丹华资本以斯坦福大学为核心，专注于投资美国和中国最具颠覆性的创新科技及商业模式，连接美国的创新与中国市场。

在张首晟看来，目前，一方面在总体上，中国仍欠缺对科学品位的正确判断，并不明确学术研究机构该干什么，初创公司该做什么；另一方面，在中国做投资的往往对科技缺乏了解，而科学家只待在象牙塔里，对投资也不了解。因此，鼓励一流的科学家参与投资，把科学与投资连接在一起，合理分配资源，是一条中国人需要尝试的路。"跨界的能力很重要，有些人之所以能在科学上有所成就，就是因为他们不仅看枝叶，还看根。"

既简单又能普世，是科学所追求的最高目标，张首晟在看一个公司时也这样衡量，像谷歌，它的算法非常简单，但体现了很高的智慧。张首晟特别提到，要"以科学的情怀来做投资"。

6. 国际巨头热衷"抢婚"，中国企业则当"接盘侠"上瘾了

受企业内在发展需求及宏观环境驱动，近年来，中国企业的海外并购风起云涌。近日，《中国证券报》在一篇文章中如此写道。

每次，中国企业的海外并购，尤其是对国际著名品牌的收购，都能够让中国人有"扬眉吐气"的感觉——我们很容易把国内企业对他国企业的收购看成是"逆袭"。然而，对比一下国际企业收购中国企业时的表现，中国企业的"海外并购"，还真很难让人自豪起来。

如果是国际企业收购中国企业，那么，被收购者几乎一定会是其所在行业的龙头、正处于高速成长期的潜力股、市场占有率极高；如果是中国企业收购国际企业（或其子公司、一个事业部），那么，被收购者要么是江河日下、连年亏损，已成为其所有者欲尽快脱手的"烫手山芋"，要么是虽然仍有盈利，但对该公司来说，那点微薄的利润已经"不值得拥有"——机会成本太高了。并且，国际企业在收购中国企业时，因为是超优良资产，他们经常会不顾企业所有者的意愿，动用资本的力量进行"强买"；相比之下，中国企业在收购国际企业时的姿态则要低得多。简言之，在并购方面，国际企业热衷于"抢婚"，而

中国企业则更擅长当"接盘侠"。

不信？看看下面这几组最具代表性的并购案例。

那些被国际巨头们"看上"的中国企业

1. 中华牙膏被联合利华收购

1994 年年初，联合利华取得上海牙膏厂的控股权，并采用品牌租赁的方式经营上海牙膏厂中华牙膏，如今，中华牙膏在市场上的份额已少得可怜。

2. 南孚电池被吉列收购

自 1999 年起，通过数次转让，2003 年，福建南孚电池 72% 的股权落入自己曾经的手下败将美国吉列手中——吉列的金霸王电池进入中国市场 10 年，市场占有率不及南孚的 10%。

而南孚在被吉列控制后即退出海外市场，一半生产能力被闲置。如今，这一曾经占领了大半个中国市场的电池品牌已经不属于中国人了。

3. 欧莱雅收购小护士

2003 年，在中国排名第三的护肤品品牌小护士被法国欧莱雅收购。而到现在，市场上几乎找不到小护士的踪影了。

当初，欧莱雅之所以买下小护士，其实是为了给欧莱雅旗下的卡尼尔品牌进入中国铺路——小护士和卡尼尔定价、消费人群定位都相仿，小护士当时在全国有28万个销售网点，其销售渠道、生产基地和市场信息都对卡尼尔有毋庸置疑的好处。

4.达能强行并购娃哈哈

1997年，为了"以市场换技术"，娃哈哈与法国的食品企业巨头达能合资了，双方各占50%的股份。但其后，宗庆后和娃哈哈团队又成立了一系列子公司（非合资）。2007年4月，娃哈哈称，法国食品企业达能"欲强行以40亿元人民币的低价并购娃哈哈集团总资产达56亿元、2006年利润达10.4亿元的其他非合资公司51%的股权"。

最终，因宗庆后一方无法接受收购条件，双方不欢而散。

实际上，在此之前，达能收购了娃哈哈最大的竞争对手乐百氏92%的股权，还收购了光明乳业20.01%的股权。

5.SEB收购苏泊尔

2006年8月，法国著名小家电企业SEB收购国内烹饪炊具第一品牌苏泊尔。

6. 可口可乐收购汇源

2008年9月，可口可乐提出以近24亿美元现金全面收购汇源果汁，但于2009年3月因未能通过中国商务部的反垄断法审查而告吹。

其他比较有名的案例还有：哈尔滨啤酒和青岛啤酒被美国百威收购、黑龙江佳木斯联合收割机被美国约翰迪尔收购、无锡威孚柴油机被德国博世收购、大宝被强生收购等。

这些中国企业，都是"最佳接盘侠"

1. TCL收购汤姆逊和阿尔卡特手机业务

2004年1月，TCL并购了法国汤姆逊全球彩电业务；当年8月，TCL继续收购了阿尔卡特的手机业务。

在收购前，李东生曾经发出过"18个月盈利"的豪言壮语，然而，紧随而来的是TCL在两个项目上众所周知的整合苦旅，直至将公司一度拖入巨亏的泥潭。

2. 上汽收购双龙

1997年，在亚洲金融危机中，韩国双龙汽车被大宇收购。但大宇在收购之后并未能使双龙扭亏为盈，相反，双龙的负债越来越多。

2004 年，上汽集团斥资 5 亿美元收购双龙汽车（彼时已资不抵债）48.9% 的股份，随后又注资将占股比例提高到 51.3%。这是中国汽车企业首次并购国外同行。

然而，这次收购并没有给双方带来预期的发展。2009 年年初，双龙汽车申请破产，上汽与双龙的整合最终以失败告终。

3. 南汽集团收购罗孚汽车

由于经营不善，英国罗孚汽车集团 1994 年被宝马汽车以 8 亿英镑接手，但接下来的几年中，该公司却成了宝马最大的累赘。截至 1998 年年底，罗孚带给宝马的亏损超过 30 亿美元。后来，宝马又将罗孚分拆——将路虎卖给福特，迷你小轿车留给自己，将其余部分卖给英国私人投资商凤凰集团。但是，凤凰集团很快就将罗孚带入了破产的境地。在罗孚汽车资不抵债后，凤凰集团开始在全球范围内寻找新的买家。

有宝马公司的前车之鉴在，全球最大的汽车公司——通用、福特、丰田和大众等公司均未表示购的意愿，此时，凤凰集团把目光转向了正在快速成长的中国汽车企业。沈阳华晨、上汽和南汽都参与了谈判，最终，2005 年，破产后的罗孚汽车被南京汽车以 5300 万英镑收购。

由于南汽接手前 MG－罗孚汽车的众多重要资产已经被变卖一空，南汽拿到的 MG－罗孚汽车其实是一个零散的空架子。

4. 吉利收购沃尔沃

2008 年经济危机之后，福特公司陷入了高成本、高亏损、产品竞争力下滑的命运。为了减轻负担，福特决定出售沃尔沃。

2010 年 8 月 2 日，吉利控股集团宣布正式完成对福特汽车公司旗下沃尔沃轿车公司的全部股权收购。这是中国汽车行业最大的一次海外并购。

其实，在这次收购前，吉利并不是唯一有收购意向的中国企业。北汽集团也曾向福特表达了收购意愿。

5. 三一重工收购普茨迈斯特

普茨迈斯特是全球混凝土机械的领先企业，2008 年，受经济危机影响，这家德国公司出现了成立 50 年来的第一次亏损；再后来，受欧债危机拖累，普茨迈斯特急寻买家。

工程机械行业的全球"大佬"卡特彼勒、小松、福田雷沃，都收到了普茨迈斯特"征婚帖"，但它们均没有兴趣。最终，有两家中国公司闻讯后"喜出望外"，均迫不及待地表达了参与并购竞标的愿望——他们就是位于长沙的三一重工和中联重科。在经过一番角逐后，2012 年 1 月 31 日，三一重工战胜了中联重科，宣布了对普茨迈斯特的收购。

6. 联想收购摩托罗拉

摩托罗拉的手机业务在被谷歌收购之后，境况并未得到好转，于是，谷歌迫不及待地要将这个"烫手山芋"卖出去。2014年1月30日，联想集团宣布以29亿美元从谷歌收购摩托罗拉移动。而在收购之后，联想在智能手机领域的地位不升反降，因此，业界也有人说联想收购摩托罗拉是"一招臭棋"。

在收购后，联想竟然试图将摩托罗拉重新引入中国市场——它仍沉溺于过去摩托罗拉品牌的号召力，至少在与自己品牌相比，联想显得妄自菲薄。更为致命的是，联想还将摩托罗拉定位在高端品牌。其结果就是联想非但没有达到利用摩托罗拉品牌高端突破的目的，反而将联想品牌全线下压，即没有高端，中段变低端，低端变得更低端。

7. 海尔收购 GE 家电业务

2015年12月，美国通用电气公司（下称GE）近十年来第三次出售其家电部门，来自欧洲、韩国、土耳其和中国的厂商闻讯而至。一个月后，青岛海尔宣布斥资54亿美元收购美国GE的家电业务。

GE为何会甘心放弃家电业务？GE董事长兼首席执行官伊梅尔特表示，出售家电业务部门是GE目前执行的发展战略决定的。GE今年陆续将零售等业务剥离出去，核心业务转向能源、医疗、家庭、交通运输、金融等增长性和收益性更高的领域。

"接盘"的是与非

诚然，中国企业在并购国际企业时大多扮演着"接盘侠"，但我们也并不能因此而将这些并购都一棍子打死。毕竟，那些资产由于所处发展阶段等具体情况不同，那些在国际巨头看来是"包袱"的资产，对作为买家的中国企业未必就没有价值。

如 TCL 对汤姆逊和阿尔卡特的并购，过程很痛苦，但李东生并不承认这是两个失败的并购案。在十年后的 2014 年，李东生在接受媒体采访时还表示："如果让我重新选择一次，我还是会并购。"李东生表示，当时拿到的阿尔卡特手机专利，后来被证明对 TCL 手机业务价值巨大。TCL 通讯从 2009 年开始发力，其后，经过五年时间，销售收入和市值增长了差不多 10 倍，净资产从当初的七八亿元增长到 30 多亿元。

联想在 2004 年对已被 IBM "不看好"的个人电脑业务的并购，虽然引起了极大的争议，然而，现实比一切猜测都具有说服力——在 IBM 手上年亏损 2 亿美元的 PC 业务，在联想十年运营下，年盈利超过 10 亿美元，彻底走出了 PC 市场衰退的全行业阴影，从买来的行业老大运营成了真正的头牌。况且，也正是这次并购，让联想更懂得了国际化的游戏规则。

而吉利对沃尔沃的收购，在现在看来，其"1+1>2"的联合效应正逐渐获得国际市场的一致认可。

2015 财年，沃尔沃全球销量首次达到 50 万辆，营业利润扩大至上财年的 3 倍以上。在"输血"盘活沃尔沃的同时，吉利也在不断从沃尔沃的品牌身上汲取"养料"，在技术实力和品牌形象上，有了新的突破和提升。比如，本来 15 万元以上的 B 级车市场一直是自主品牌难以立足的"价格高地"，但去年 4 月 9 日上市的吉利博瑞（11.98万~22.98 万元），全年累计销量达到 32570 辆，已经超过日系和法系部分 B 级车销量。

与 6 年前吉利刚刚宣布收购沃尔沃时更多的遭到业内的观望和质疑不同，眼下，越来越多的人意识到李书福在收购沃尔沃这件事上具有的眼光和魄力。

不过，总体上来看，与国际企业的"强势收购"相比，中国企业在"接盘"前后的表现均不佳：

1.国际企业在收购中国企业时，因为是超优良资产，他们经常会不顾企业所有者的意愿，动用资本的力量进行"强买"；中国企业在收购国际企业欲甩掉的"包袱"时，常常会出现几家中国企业"哄抢"的现象——而在此之前，该国际企业曾屡次向其他国际巨头兜售这个"包袱"，但均遭拒绝。

2.外资收购中国企业，主要是为了利用中国企业原有的渠道，在收购完成后，中国企业的品牌会逐渐淡化，乃至消失；而中国企业收购国际企业，不仅利用其渠道和技术，而且还试图将其那个"日薄西山"的品牌发扬光大，甚至会逐渐淡化自己原有的品牌。

既然中国企业中的"先烈"们已经为自己的不理智并购交了不少学费，那么后来者们在并购国际品牌时，就应该谨慎一些，以免重蹈覆辙。

7. 为何别人的公众号"越努力越没人看",而我的却在"逆市上扬"?

写在前面:本文写于 2015 年年底,至今,公众号数据已经发生了很多变化,但里面的观点仍然是经得起时间检验的。

最近,常常有不少朋友问我,扯淡不二有十几万粉丝了吧?我说,才刚破 5 万,他们都很诧异,那你的阅读量怎么这么高? 接下来便是好奇:这么高的打开率,你是怎么做到的?

还有人问:你做多久了?我说,2014 年 6 月注册,但真正用心做?是从 2015 年 6 月初开始的。

前几天,有个研究自媒体生态的朋友,让我去做个主题为"怎么做个微信大号"的分享,我只得老老实实地说,扯淡不二还是个小号,因此,我没资格谈这个话题。不过,有一点我却可以自信:我比大多数人做得都好。

自 2015 年 8 月之后,绝大多数公众号的打开率都在下降,甚至有人调侃为"公众号太多了,粉丝都不够用了""越努力越没有人看",但恰恰是从 9 月份开始,扯淡不二的打开率开始上升了——六七月份,打开率基本都在 25% 以下；而 9 月份之后，只要是新写的文章，打开率基本都在 35% 左右，甚至 60% 以上的也不少见。

事情还是得先从我做自媒体的历程说起。2014 年下半年，扯淡不二做了大半年的转载，结果直到春节前，粉丝还不到 2000。2015 年春节后，开始偶尔发几篇自己的原创，到了 6 月初，粉丝 2900；从 6 月初开始，认真投入精力做，然后迎来了订阅用户爆发式的增长：7 月初，7200；8 月初，17200；9 月初，22200；10 月初，27200；11 月初，41400；12 月 1 号：50600；2016 年 1 月 1 日：57000。

2015 年 6~8 月，推送频率比较高，差不多是两天一篇，甚至是一天一篇；从 9 月份开始，减少了推送次数。一来是自己精力跟不上，另一个是，为了给读者一种"小别胜新婚"的感觉，提高打开率，我每三天推送一次，差不多每个月 10~12 篇。原则上周末不推送。

6 月份之后的爆发式增长，主要靠的是自己提供原创文章，大号转载倒流。说到这里，有人会好奇：我也做原创，为啥没有靠大号的转载火起来呢？你的成功秘诀是什么？坦诚相告：我做原创没有任何秘诀。

一、写文章，图自己爽

我完全是按照日记的套路来写的，根据自己的内心来写，从来不迎合任何读者。我写文章，只图自己爽，至于读者看了之后爽不爽，不在我的考虑范围之内。

很多公众号选稿的时候，不仅要考虑涨粉的问题，而且还要注意避免"掉粉"，甚至连不少作者也染上了这副德性。

但我从来就不用怕掉粉。像《缺乏安全感的女人，你无论嫁给谁都是错的》这种文章，我在推送前，明知会掉粉，但我还是坚持推送。因为我确信，我的观点基本上是不存在的问题。

结果是出人意料的，当然有不少女粉丝被冒犯了，甚至用恶毒的语音来攻击作者；但恰恰在9月份推出的文章中，这篇收到的打赏是最多的。这说明，大部分读者其实是有胸怀和勇气接受不同的声音的。

有的读者之所以会被冒犯，那是因为他们自己太挫，缺乏反省精神，一遇见不同声音就会暴跳如雷，但这种低质量的读者，恰好就是不值得尊重的，对他们，我当然应该忽略不计了。

经常有朋友问我：怎么看待骂你的粉丝？我基本上都是这样回答的：

大数据表明，骂我的读者，基本上没有211以上院校毕业的，985以上的就更没有了。现在，我的读者中，有top5高校的博导、top2高校的系主任、985高校的副教授、有55岁的律师、有在《激荡三十年》和《野蛮生长》中出现过的"92派"企业家。连这种文化层次的人都会挺我，那些只会用毫无营养的语言喷我的人，又算得了什么呢？

偶尔，有读者骂得有水平，我给他烧高香；骂得没水平了，我直接拉黑——水平不高没关系，但没水平还不谦虚就不对了。

我一直认为，有的人不配做我的读者，因此，这样的粉丝掉了也没关系，我才不稀罕呢。何况，丢掉低质量的粉丝反而可以减小分母，提高打开率。

二、怕掉粉儿？低质量的不要也罢

有一次，在跟公众号短篇集的运营者春亮兄聊天时，我问："我猜，短篇集的打开率，最近几个月，应该是逆市上扬吧？"春亮告诉我，的确是在上升，"而且涨粉速度还蛮快的"。

我凭什么能一猜就中呢？因为春亮也从来不迎合读者口味，他也是明知有些文章会冒犯读者，却也会发。"低质量的粉，不要也罢。"后来，我找两个我非常喜欢的号——领英中国和销售与管理的运营者打听，他们的打开率基本稳定，虽然没有怎么涨，但最起码没有下降。

这些是很值得那些只知一味地巴结读者，结果却"越努力越没人看"的公众号的运营者们参考的。你们没有给读者提供有价值的东西，别人凭啥看你的？

那些明明很喜欢一篇高质量的文章，却因为"怕掉粉儿"心态严重而不敢发的编辑，还有一个问题：不懂传播规律。

某一类文章，刚推送后确实会掉粉儿。但掉的只是部分一级读者（订阅用户），但当这篇文章被很多订阅用户分享到他们的朋友圈之后，二级读者（间接粉丝）在看到之后，即便是被冒犯了，也不存在掉粉儿的可能啊。

这个时候，粉丝数是只能增加而不会减少的。并且，你发些高质量的文章，粉丝即便是没有耐心读完，也会有分享的积极性，因为分享这样的东西能满足他们"装"的需求——他们可以告诉自己朋友圈中的人：你们看，我是个这样的人。

相反，你发那些没层次的内容，自以为迎合了读者，可这些读者即便自己喜欢，却也不好意思分享啊。

三、没价值的意见不必听

我还从不追热点。虽然写热点的点击率高，但没有生命力，时间一过就没人看了。我只写没有时效性的东西——几年后、十年后，自己还愿意看第二遍的，假如拿出来重发，肯定还会有不少读者喜欢。

就像《越是有价值的媳妇，娶起来越便宜，持有成本越低》，我断言，假如我在50年之后重新发出来，肯定比现在更受人欢迎。

微信上的阅读都很浮躁，基本上超过1200字的，好多人就读不下去。但扯淡不二的读者，大部分都是奇葩——字数低于1500字的，阅读量就都不行。

我曾经收到过这样的留言："太短了，不过瘾。""太短了，毁三观不够彻底。"平时，我的文章基本都是 3300 字左右。

这还有一个好处，就是在集结成书的时候特别方便，基本上 30~40 篇就可以构成一本书的体量。

偶尔也有读者建议我把文章缩短，但这种建议我是忽略不计的——我不是不能听取不同意见，而是不能听取没有价值的不同意见。

还有一些读者，一看到自己不喜欢的，就以"取消关注"来威胁我。不过，尚未等到他们动手，我便立刻将他们拉黑了。

拉黑威胁取关的粉丝过分吗？一点都不过分。这种人，情商太低，他没有搞清楚，他是粉丝，而非我是粉丝，我不稀罕他啊。在这种情况下，你以取关威胁我，有什么用？

我之所以敢顶着各种会冒犯读者的东西，还有一个原因是：反馈中以吐槽的居多，并不意味着"大多数人不喜欢"——大多数人，并不会高调地支持自己喜欢的东西，但遇到自己不喜欢的东西时，吐槽的热情会比较高。

亦即，那些喜欢并支持某些"过激言论"的读者，是"沉默的大多数"。这个规律，也是很多一看到负面评论就害怕掉粉儿的编辑们所没有搞清楚的。

四、迎合市场不如引导市场

最后，我们来说为什么说"迎合读者口味"是一种很 Low 的做法呢？

在商业上，"满足客户需求"是一种随处可见的口号，它甚至已经成为一种价值观了。然而，这只是一种低级别的价值观而已。

乔布斯把苹果做得那么火，是"满足客户需求"的结果吗？错！他这样的天才，是引导客户需求、开发客户的潜在需求，而不是大家都看得见的直接需求。对那些牛气的商业天才来说，是他们做什么，别人就买什么，而不是看到大家都喜欢什么，他们才去做什么。

"迎合市场"永远做不出与众不同的东西来，引导市场才是格调。没有格调的东西，或许能名噪一时，但过不了多久，就销声匿迹了。更何况，大部分作者和编辑连"迎合读者"的能力都不具备——摸不准读者的口味，结果便是费劲了心思，反而弄巧成拙。

读者不是上帝，作者自己才是上帝。这是原创号应当坚守的唯一理念。对转载号来说，也应该把编辑自己的品味看得比读者的口味重要。

五、听编辑的还是听读者的？

当然，再好的内容如果没有一个好标题，也传播不出去。我这边，朋友们的评价一直是，不仅内容有吸引力，而且标题也诱人。我这个在内容上从不考虑读者感受的人，在做标题的时候却是把读者的口味给琢磨透了。

我的好多标题，都是找十几二十个人投票，经过多个回合的修改才定下来的，甚至《越是有思想的人，越容易"毁人三观"》这个标题，先后修改了十几次。

尤其是，有些标题虽然读者愿意打开，但却不敢分享，这个也是需要考虑到的，比如，在"如此给人'介绍对象'，你的情商让狗吃了吗？"和"你俩性别合适，赶快在一起交配下个崽吧"这两个标题，明显是后一个更让人有打开的冲动。但经过调研，有人说不敢分享，我们就弃用了。

我常常是同一篇文章，做两个标题，找人投票，结果却发现自媒体编辑的投票一边倒，而普通读者的投票也是一边倒；奇怪的是，我自己虽然也是个自媒体人，但我对标题的偏好却通常跟读者是一样的。

在双方势均力敌的时候，我通常会选择普通读者更喜欢的那个。因为文章最终是需要他们来打开的。

比如，"情商高的人，都是怎样'让人舒服'的？""情商高的人，都是怎样说话的？"及"你不是脾气太坏，而是格局太小""格局大了，脾气就小了"，这两组标题，普通读者更偏好前者，而自媒体编辑朋友更偏好后者，最终我都采用了前者。效果特别好。

这里面的区别是，编辑做标题喜欢简洁明了；而读者更喜欢过瘾、暧昧的。 不过我敢自信地说，我从来就不是标题党，不管我的标题多么暧昧，始终都是跟文章主题一致的。

由于做标题的能力比较受"业界"的认可，曾经有个公众号的运营者提出，每个月付一些钱，请我帮他们做标题。

或许，有人会很不屑地鄙视我，这么用心地改标题，跟前面说的"不迎合读者"是不是矛盾？对此，我这样解释：内容走精英路线，是为了维持格调；标题走平民路线，是传播的需求。

8. 一个公众号的堕落，是从追求点击量开始的——粉丝增长了，但价值下降了

常常有人问：我现在再开始做公众号还来得及吗？比较悲观的答案是：来不及了。从2015年下半年开始，微信公众号的时间红利窗口已经关闭了。在此后当然还有一些新诞生的号在逆势增长，但那需要超强的内容生产能力。

不过于追求点击量

如果现在真打算做公众号，最需要把握的一点是：先踏踏实实地做好内容，不要从一开始就盲目追求点击量。因为，点击量是万恶之源。对点击量的过分追求，会把你带进沟里去。

有一次，一个近百万粉丝的大号要跟我的扯淡不二做"互推"，就是互相发软文导粉。我只有9.3万粉丝，他100万粉丝，按说，互推对我来说是一件非常占便宜的事情，我应该"受宠若惊"才对，但我还是拒绝了。相反，我主动提出，跟他的另一个粉丝只有几千的小号

做互推，是的，在这个量级不平等的互推下，我占不着什么便宜。

我为什么会做这种很不明智的选择呢？互推，是在用我的信誉来对别人的号进行背书。他的前一个大号，在运作的前期，为了迅速地"做大做强"，只能一味地迎合读者，结果，发了很多很Low的文章——一发格调高的文章，很多读者就会骂。就这样，他这个大号，粉丝越来越多，但格调越来越低。我如果替这个号"站台"的话，就把我自己也给毁了。

相反，他的小号，虽然粉丝很少，阅读量也不高，但篇篇都是精品，并且，文章风格高度一致，实现了用户的精准定位。所以，我认为这是一个很高质量的号——一个号的粉丝数和点击量，仅在评价其商业价值时才有用，但评价这个号的品格时，它就一无用处。因此，虽然跟这个小号互推是一件吃亏的事情，但我仍然乐意。

追求点击量，常见的一个做法是刻意地追热点。我在做自己的号时，一直对追热点保持警惕之心。因为，大多数写热点的文章，虽然当时阅读量很高，但时间一过就是垃圾，甚至再也没有人能够看得懂。并且，写热点的文章，即便是内容很平庸，阅读量也照样会很高，这样，作为公众号的运营者，你就完全无从得知阅读量跟文章质量之间有啥关系了。

真正有价值的内容，都是没有时效性的，就是几年之后、十几年之后还可以看。我在扯淡不二上发的，大部分都是这种。我偶尔也会写热点，但更多地是借题发挥，把在脑海中酝酿已久的观念借热点之势表达出来。

王宝强离婚后，我发的那篇《孔雀女，你其实跟凤凰男半斤八两》，阅读量还不错，很多人说这是追热点，其实不是。那篇文章的主体内容，已经在我的稿库里存放了11个月了，但我一直不知道如何开头。恰好，这次热点让文章有了一个自然而然的开头。

如果一个营销号上的每篇文章都能做到追热点达到很高的阅读量，并且，也能让每一篇软文都能搭上热点的东风而火起来，那么，从商业的角度来看，如此追热点就是成功的；但倘若你十篇里面只有两篇能追热点，那么，这两篇的阅读量尽管高于平均水平，却是没什么价值的。因为，客户是不会轻易上当的。

不要忘记你的核心用户是谁

此外，公众号的运营者始终不能忘记你的核心用户（读者）是谁，偏离核心用户的文章，哪怕阅读量再高，也不要发。

比如，一个政经类、经管类或IT类的号，哪一天突然蹭热点发了一篇娱乐八卦类的文章，阅读量也很高，这个时候，你是不是应该为这个高阅读量而沾沾自喜呢？不是，这恰恰是你最需要警惕的时候，因为，阅读量上涨了，这个号的价值却可能下降了。这篇与公众号定位严重不符的文章，其流量主要是经非核心用户分享后的二次传播带来的，跟核心用户没多大关系。如果你过分陶醉于这一次意外的高阅读量，下次继续这么干的话，阅读量可能还会上涨，粉丝也会上涨，但增加的粉丝大多是非核心用户；相反，原来的核心用户，因为看不惯你的屡次"出轨"，要么取消关注，要么虽然不取关但不再打开。

后台每天都可以看见"取消关注"的人数。比如，新增粉丝140人，取消关注60人。然而，你真以为这"60个取消关注"就都是所谓的"掉粉"吗？错！有好多新粉丝，被某一篇文章吸引过来，点击"关注"，然后，快速地浏览了一下"历史消息"，这一浏览发现，10篇里面只有1篇是自己喜欢的，因此，立即点击了"取消关注"。这就是文章调性不稳定带来的后果。

需要补充说明的是，只有先点"关注"，然后才能查看"历史消息"，因此，很多人其实是"被迫关注"。所以，在"60个取消关注"里面，可能只有20个是真正意义上的"掉粉"，其他40个都是那些先被迫关注然后又取消关注的。

此外，如果为了追求点击量而让公众号的内容越来越杂，则尽管阅读量和粉丝数都可能上涨，但这个号的价值却下降了。因为，懂行的广告客户一定会特别纠结：你的目标用户到底是谁？我在这投放广告，转化率会不会很低？如果我是广告客户的话，我不会看你总的粉丝数和阅读量有多少，我只看"跟我有关"的粉丝数和阅读量有多少。

在前期，对定位不清晰的号来说，可能会有朋友等"存量资源"来支持你，但这是不可持续的，你能不能让陌生人心甘情愿地把口袋里的钱交给你才是关键。

用户的质量比数量重要得多

前几天，在一次演讲中，清博数据的郎清平老师在阐释"粉丝的数量并不是最重要"的时候开玩笑说：如果你的号只有 7 个粉丝，但恰好都是 7 名政治局常委，那你可就牛了；或者，虽然只有 500 个粉丝，但恰好都是世界 500 强的 CEO，那也很牛。当时，郎清平还举了这样一个例子：

某生产数控机床的跨国公司中国区总裁，做了个公众号，14 万粉丝。这个人只有高中学历，但他对钻研数控机床特别感兴趣，过去的多年里，他在行业类的期刊上发表了不少论文。微信公众号上线之后，他把之前的文章修改了一下发在自家的微信公众号上，同时，又继续写新的文章，逐渐赢来了 14 万粉丝。数控机床这么专业性强甚至还有点枯燥的东西，不可能有多高的阅读量，更不可能有 10 万 +，但是，他的阅读量都来自真正对数控机床感兴趣的核心用户。

在自媒体圈，14 万粉丝只能算是一个小号，但因为他实现了精准定位，因此，这 14 万粉丝，大都是下游的客户，价值特别大——数控机床的买家，一出手都是几十万、几百万。现在，很多国际数控机床的厂商和展会等，都找他做广告。

不必迎合层次不高的读者

最后，要强调的是，公众号的运营者要不违背自己的初心，只用优质内容去吸引适合自己调性的读者，而不必迎合那些层次不高的读者。

如果你的号一开始就在走高端路线，那么，迎合读者是一件危险的事情。有的内容，迎合了低质量的读者，增加了一些粉丝，但与此同时，也有高质量的读者对你失望了。

况且，就连迎合高质量的读者也是危险的。因为，越是成熟的人，越不需要你去迎合，你如果为了刻意迎合读者而揣摩他们的口味，他们反而不买账，认为你提供的内容没价值。这就像是"拿热脸贴冷屁股"。

前段时间，我的一位读者给我留言说：你的每一篇文章的观点我都认可。然后，我对他说："如果是这样，那你以后就没必要看我的文章了，因为它们对你已经没有多少价值了。你应该多看一下超出自己认知范围，甚至自己不完全认同的文章。"如果换一个角度，就是运营者要多提供一些能颠覆读者三观的内容。

说到"不迎合读者"，就不能回避一个问题：如何看待读者在评论中破口大骂的现象。

我们举个例子，一篇文章阅读量12000，评论有60条，其中有15条是在骂这篇文章及作者。不少小编一看到那些吐槽，立马就心慌了，继而认为这篇文章"很不受欢迎"。然而，你上当了。人的正常心理是，人们对自己不喜欢的事情吐槽的热情，绝对远高于为自己喜欢的东西发声的热情。比如，政府出台的某一项政策，会让一部分人受益，也会让另一部分人的利益受损。受益的那一批人虽然心理美滋滋的，但绝少会上街敲锣打鼓庆祝；而受损的那一批人，则是怨声载道。结果，造成的假象就是，这项政策很"不得人心"。

我们再说那篇有15条批评评论的文章。总阅读量12000，可能有8000个人是支持的，3000个人没有明确态度，其中2000个人是不喜欢的——那15条评论就代表了这1000个人的声音。结果，你却把这1000个人当成了全部。

一篇文章试图讨好所有人的结果就是，没有人会特别喜欢你——因为你没有坚定的立场。只要你坚信自己是对的，就不要被那极少数骂你的声音给吓倒。除了政府和腾讯之外，任何人的不同意见都是可以忽略不计的。做文跟做人一样，只要你坚持自己的调性，尽管会有人不喜欢你，但那些喜欢你的人，将会更加喜欢你。

第 二 章

为什么投资人对别人挥金如土，对你却一毛不拔？

9. 争当"媒体专业户"，这是创业者应该追求的目标吗？

"创业不是一个热闹的事情，应该是一个跟孤独相伴的事，所以大家不要陷入镁光灯的误区。我觉得创客要潜下心来，不要做'媒体专业户'，也不要做各种比赛的专业户。因为，必须要有沉下来的决心，你才可能取得一点成绩。"这是洪泰基金创始合伙人盛希泰在"创时代创未来，第二届中国创客领袖大会暨双 12 中国创客日"大会上跟参会的创客们分享的一段话。

本来，刚听到这段话后，我的第一反应是"严重同意"，但随即，我又想起了另一个投资界大佬与之截然相反的观点——真格基金创始合伙人徐小平曾说过，"没有当网红的能力，就不要创业了"。为什么同样都是天使投资人，却对创业者要不要"刷脸"有着迥然不同的看法？究竟孰是孰非？

12 月 13 日，在天明集团创始人兼董事长、中国创客领袖大会主席姜明的媒体见面会上，我将这个问题抛给了姜明。姜明是这样回答的：

这两位投资大家都说得对，就看你怎么理解了。一个人的思维需要多侧面、多元素、多角度的。就像看石头有八境界：看石头是石头；看石头不是石头；看石头还是石头；看石头是钻石；看石头是玉石；看石头是化石；看石头是文物；看石头是文化。

徐小平说，如果创业者没有使自己成为网红的能力，就不适合创业。他的意思是，好酒也怕巷子深，你光有实力还不够，还得让别人知道你有实力。创业者如果没有营销自己、宣传自己的能力，大家不了解你，你就无法整合资源、获得投资，你也无法找到更好的员工。因此，当企业的发展阶段需要你去整合资源的时候，你要有把自己打造成明星的能力。如果你连自己都不能营销出去，说明你的能力有一块缺憾。这是你创业中诸多能力的一种。

在需要你爆发的时候，你立刻成为网红，让很多人了解你、认识你，投资者投资你，合作者与你合作，优秀的员工追随你，这是创业者需要具备的一项非常重要的能力。

而盛希泰说"创业者不应该成为媒体专业户"，意思是，如果创业者天天去出名，频繁参加比赛、见媒体，你就没有时间经营自己的公司。有的创业者心不静，不能潜下心来练内功、做细活，不能把自己的团队打造好，不能把自己的事情做好，热衷于去出名，这就太虚了。

创业要有虚有实，实是支撑虚的根本，虚是为了更好地实。天天去出名，没有时间打造自己的内功、打造自己的产品、打造自己的服务，你就不可能成功。只有当你有了实力，需要你爆发的时候，你才能去爆发。没有基础的营销，就只能是短暂的辉煌（没有基础的营销，马佳佳和"神奇少女"王凯歆就是最近的例子）。

有的企业家，有格局又实干，有具备成为网红的能力，但暂时还不想成为网红。先苦练内功，等内功练好了，当市场营销需要我刷脸的时候我再立即让自己成为网红。比如华为，原来只做电信设备的时候很少宣传，后来做手机这种"to C"的产品了，这个阶段是需要刷脸的。像任正非等公交也好、打车也好，可能的确是真实的，但也可能是策划出来的。当然，这个时候成为网红，就无可厚非了。

附：徐小平关于网红的言论几则

1. 创投圈第一网红是李开复，我是第二网红。"但真格连天使投资前 30 名都没有进。

2. 网红到底是什么？是不经任何权威授权的，在创投领域，网红完全是市场自发的、民众拥戴的品牌。

无论是名演员、名导演、名企等，都是一个品牌。创业也是在做一件事——创建品牌。整个商业所有的行为，主要靠它的核心价值，就是品牌。而网红的崛起，使商业创造品牌有了空前的快速。

3. 三五年前的创业先有商业、现金流，后有品牌。品牌是靠创业者艰苦奋斗，一点一滴做出来的。而网红时代，是先有品牌、先占领人心、先确立魅力人格体。先让人们追捧你，然后再从后面给用户、消费者带来他们所需要的产品，丰富他们的生活、增加他们的乐趣，最后创造生活的幸福感。

4. 对创业者来说，你的唯一目的就是让亿万用户知道你，让广大市场使用你，最后最好是让消费者热爱你、喜欢你，把你的产品作为他生活的一部分、作为他的习惯，这就是品牌的力量。

10. 那些年，我们一起追过的"风口"，最终都让自己"死得很惨"

现在，很多创业者都认为共享单车市场是"风口"，因此，都在不计后果地补贴，要补贴就得烧钱。因为烧的不是自己口袋里的钱，所以就一点儿都不心疼，结果烧钱做项目变成了"任性地乱花钱"。

然而，当大家都一窝蜂地"大干快上"的时候，每一个风口同时又都成了泡沫。最终，除了那一两个"人生赢家"之外，大家都会"死得很惨"。

所有的风口都是陷阱

实际上，每一个被投资人和媒体吹捧出来的"风口"，都无法摆脱"一将成名万骨枯"的规律。

五六年前，智能手机是风口，做智能手机很赚钱，于是，很多企业一拥而上。然而，从 2013 年下半年开始，人口红利用完了，市场饱和，于是，大多数手机厂商都不赚钱了，甚至陷入连续亏损的境地。

三年前，O2O 是风口，于是，办公室白领辞职去做 O2O 创业了，在校大学生也放弃毕业证去搞 O2O 了，结果呢，仅一年之后，就有统计数据说，O2O 领域创业死亡率高达 99%。

2016 年上半年，无论是投资人还是媒体，都喊着说直播是风口，然而，到了年底，居然连大多数所谓的"风口"企业也融不到资了……

简单地说，"风口"既可以给个别人带来"闷声发大财发"的机会，但也可以使大多数"瞎起哄"的人血本无归。因为，"风口"是一个极具迷惑性的词语，它甚至约等于"可以任性地糟蹋钱"。

对那些"只要不花钱就感到手痒"的投资人来说，"风口"意味着可以任性地花钱，"花钱花到手抽经"或"无钱可花"；因为，除了少数天使投资人外，大部分人花的都不是自己的钱。

很多创业者总是喜欢抱怨"没人给钱"（融资难），但比"没人给钱"更可怕的是"乱花钱"。我能想到的最任性的乱花钱，莫过于"追风口"了。

对创业者来说，"风口"意味着更容易"骗"到钱，而轻而易举地就"骗"来的钱，则意味着可以不必珍惜，可以任性地乱花；即使浪费了也不必心疼。反正，"骗"来的钱，不浪费白不浪费——对"白眼狼"用户的盲目补贴，就是这种无谓的浪费。

站在"风口"的投资人和创业者，都忙着"大干快上"，追求着"多快好"，却忘记了，在毛泽东的原话里，"多快好"后面还有一个

"省"字。在"风口"奋斗的你们，想过"省钱"没有？你们有严格的预算管理吗？

追"风口"，不如找到属于自己的蓝海

当然，对那些喜欢追逐风口的投资人和创业者来说，"省钱"是治标不治本的。无论你怎么努力地节省，依然很难摆脱"死得惨"的命运。因为，"风口"跟"泡沫"几乎就是同义词。

在2016年的亚布力企业家论坛夏季峰会上，张维迎教授在主题演讲中指出："所有的产业政策，最终都会导致产能过剩。"产业政策是政府行为，对应到创投圈的话，就是投资人口中的"风口"了。

金沙江创投合伙人朱啸虎在一次演讲中说："基本上，所有人都认为是风口的东西，最后都很难成为风口。真正的风口，在一开始是很难预测到的。"

而笔者也一直有一个类似的疑问：会不会所有的"风口"都终将成为泡沫？去年10月底，在复旦大学管理学院举办的"蓝海战略国际论坛"上，笔者曾向复旦东方管理学院院长苏勇教授讨教："投资人口中的'风口'到底是蓝海还是红海？如果'风口'是红海的话，那可不可以说，所有的'风口'，都终将成为泡沫？"

苏勇教授是这样回答的："'风口'本身有一个转换的过程，一开始，它可能确实是个蓝海。比如小米做手机，在他之前，虽然已经有

很多人在做了，但小米采用了一个全新的商业模式，与消费者互动，通过粉丝来销售并更新软硬件，所以才有了雷军那句话'站在风口，猪也能飞'。但是，如果这个模式被大家 copy，那蓝海就会转变成红海。"

"中国创业者，看见别人做出了比较好的项目，就会想：我也要跟你一样；而硅谷创业者心里想的则是：我要做个别人没做过的。"与中国创业者习惯扎堆涌向"风口"不同的是，硅谷的创业者更喜欢开辟蓝海。

开辟蓝海市场，就不需要烧钱去跟对手恶性竞争，可以"低成本发财"，并且，即便是不成功，也不会有太大的损失。

在谈"蓝海战略"时，我总喜欢拿喜马拉雅 FM 来举例子。喜马拉雅是音频市场上的领军者，目前有活跃用户 3 亿，市场占有率在 70% 左右。但喜马拉雅能做到这么成功，靠的却不是"风口"，而是"逆风而上"。

喜马拉雅创始人余建军说："我当时调研了一百多人，基本上有六七十个人都不相信音频有前途。于是，我们挺兴奋的，很多人都这么想，就意味着 BAT 也是这样想，意味着我们的生存空间更长一点。对我们创业者来说，我们不要怕小，小地方往往就是我们的机会，大的地方往往就是 BAT 的机会或者其他的已有的行业竞争者的机会。"

当自己的项目被大多数人断定"没前途"的时候，他竟然"高兴坏了"！是不是很变态？然而，正是这种逆向思维成就了他。

后来，余建军总结道："要站在一个路人甲的角度，做未来趋势性的东西、对用户来说是刚需的东西，而不是所谓的'风口'。"那些喜欢盲目追"风口"的创业者和投资人，如果能有这种觉悟，"下场"或许会更好一些。

11. "去年还吹自己是下一个'独角兽',今年就死掉了",你们得小心了!

跟一个做投资的朋友聊天,他说:很多创业者去年还吹自己是下一个独角兽,到今年竟死掉了。针对这样的奇葩现象,12月25日,在"中国人民大学商学院2017新年论坛"上,创业邦合伙人、创业创新知名专家王玥在主题演讲中给创业者们提出建议——建立自己可持续的融资策略。

王玥说,当前阶段,中国市场上的钱太多了,这导致中国的项目远比美国贵,因此,企业的估值都很高。"但也许我们中国项目本身的价值和竞争力并没有在美国的对标公司那么高。如果你把自己的估值一下子拉得很高,和你本身的价值不完全相关的话,后面还有谁敢投你?因为他要投很多钱,才能占很少的一点点股份。所以,在融资的时候要讲究可持续性。"

那么,如何建立起可持续的融资策略呢?

项目得"有干货"，不能"华而不实"

现在，大家都在叫喊"资本寒冬"，其实，根本的原因并不是缺钱，而是因为资本早被质量不高的创业项目"伤怕了"、有了"心理阴影"了、"累觉不爱"了，不敢再像以前那样任性地"败家"了。

那些深深地伤害过投资人的项目，大多创办于 2012~2014 年。在这股疯狂的创业大潮中，很多投资人都不怎么长眼，以至于创业者们只要造个概念，做几场演讲、吹吹牛就能拿到巨额投资，比如曾经的马佳佳、余佳文、王凯歆。但这些"神奇少女"们的创业大都华而不实，没什么干货，缺乏持续的经营能力，因此到后面再融不到资金，实属正常。

还有很多所谓的"互联网+"，目的很简单，就是把此前的商业模式搬到网上、搬到手机上，比如，医疗类，让你挂号不用线下挂，网上挂，网上问诊；美业类，就是用手机 APP 约到家里理发、美容、按摩；金融类，就是弄个 APP 就可以放贷款，搞理财；家居类，就是弄个 APP 就可以连接装修师傅与装修业主；房产类，就是弄个 APP 就能搞租房生意……没有任何技术门槛。

你这种商业模式，没有任何竞争壁垒，很容易被复制，陷入红海，别人敢投资你吗？即便是你在刚开始走了狗屎运，有个"瞎了眼"的人投资了你，但毕竟傻子没那么多，清醒的投资人一定不会搭理你。

因此，要获得持续融资的能力，最首要的便是你的项目要有干货，不能华而不实。

让用户愿意持续买单

你的商业模式是否说得通，有多少人愿意为你的产品买单，并且持续买单？使业务变得可持续，这才是一切的根本。如果你具备这种能力，没有演讲能力也没关系，投资人自然会看到你的产品背后是否会有回报。

同时，不能急功近利。不要听那些想让你的公司过快增长然后获得下一轮融资的投资者鼓吹，不要继续花钱到处公关，不要再做些徒劳无功的事情。专注你的业务，想尽一切办法自给自足。当然，能做到这一点的前提是，在早期的融资中要选对投资人，从一开始就要把那些急功近利、揠苗助长的投资人拒之门外。

不要有投机心理，商业模式不能是"to VC"

有很多创业者，他们的商业模式既不是"to C"也不是"to B"，而是"to VC"，即投资人喜欢投什么，他们就做什么，创业的目的不是为了干点实事，而是为了融资。然而，当所有的创业者都一拥而上的时候，投资人眼里的"风口"，很快就会成为竞争很惨烈的红海，投资人被你们吓得都不敢投资了。

况且，不同的投资人的偏好是不同的，即便是你拿"投其所好"的项目完成了 A 轮融资，到 B 轮，你的项目无法满足新投资人的胃口，于是你就"死翘翘"了。

因此，创业者一定要弄清楚自己究竟想干什么，而不是盲目地去追逐投资人眼里的"风口"。

让投资人相信他的钱"烧得值"

每次融资都是你人生信用的变现，很多时候，别人愿不愿意投资你，跟你的业务模式无关，而是看你是否值得信赖。

王珉说，他进创业邦的时候，需要做一轮融资时，周围很多企业家朋友二话不说，都没问定价是多少就出了几百万，你说占多少就占多少。"我很感动。这帮兄弟信任你，你做事，愿意支持你。他投的不是你这个生意的价值，他投的是你这个人的价值。"

固然，大多数创业者都不大可能仅凭"人品好"就融到资金，但保持良好的信用却是必要的。

比如，在融资的时候，过度的包装是要不得的，否则，到最后尽职调查时你就会漏馅了。有可能一些投资人基于太乐观的基础上投资了你，但一旦出点风吹草动，投资人紧张你也会紧张，最后甚至把公司搞倒闭。

再比如，有的投资者会关注你过去的"烧钱史"，以便推测你将以怎样的方式和速度烧掉他的钱。因此，你一定要合理地、小心谨慎地使用自己拿到的每一笔投资，不要辜负投资人。这样，后面的人在把钱交给你打理的时候就会更放心。

12. "烧钱的项目，我一个都没有投过"

很多创业者在创意的形成阶段，就会出去跟各路投资人接洽，但能成功地融到资金的，只是少数。融资为什么这么难呢？理由千千万万，但最重要的一条或许是：在投资人眼里，你和你的项目"不靠谱"。

那么，在投资人眼里，靠谱的创业是个什么样子呢？在杨浦区五角场街道举办的一次创业路演活动上，创业接力基金合伙人刘春松在题为《投资人眼里的靠谱创业》的演讲中提到了以下几点。

烧钱的项目大多不可信

这两年，参加过很多创业融资的项目评审，有的创业者的回答让人啼笑皆非。比如，有的人，你问他的商业模式是什么，他会说："我的商业模式，就是没有商业模式。"你问他的盈利模式是什么，他会说："我的盈利模式，就是没有盈利模式。我现在想的是，怎么先把用户数量做起来、把规模做大，那时候，我再告诉你，我怎么盈利。"

站在投资人的角度，我会觉得，烧钱的项目大多不可信。曾经有媒体采访我：你现在最大的遗憾是什么？我说：我没有什么可遗憾的。烧钱的项目，我一个都没有投过，所以呢，我投过的 100 多个企业，1个都没有死。

在做的时候，你的商业模式一定要是一个容易变现的商业模式。要尽量避免那些烧钱的商业模式。有的人想，我先烧钱，先把用户规模给烧出来，等到这个市场上只有我一家了，我手上有几百万用户了，我再考虑如何变现。可投资人才不愿意为一个长期不能盈利的项目做补贴呢。像滴滴打车这种，一个企业的胜出，背后是几十家企业的倒闭，因此，对投资者来说，失败的概率其实是太高了。补贴，中国的消费者是最缺乏忠诚度的，你补贴一取消，他们就不来了。你能指望靠补贴留住用户吗？投资人没有那么强的耐心去考虑太长远的事情。

创业的第一目的就是要盈利（如果是公益创业，那另当别论）。不可否认，有些公司很伟大，一年有几十个亿的营业额，但他不赚钱。那么，从我们投资人的角度来看，你这个企业就是有问题的。当然，我们秉承一种价值投资的理念，有的企业，虽然也盈利不错，有潜力，但我们还得看是否符合我们的价值观。

任何不以盈利为目的的创业都是耍流氓。不要试图拿"情怀"去忽悠投资人。罗永浩的锤子手机，今年没有公布销量，大概是因为卖得不好吧？只有情怀，没有盈利，是对不起投资人的。

技术壁垒与商业模式

跟投资人谈，你首先必须讲得清楚，你做的是什么事情。

创业分技术类创业和服务类创业，前者以技术创新、产品创新为基础，后者以商业模式为基础。

对技术类创新，投资人首先看壁垒，即别人进去的门槛在哪里，难度有多高。壁垒又有两种：技术壁垒，别人花半年一年，能不能搞出来这个东西；渠道壁垒，比如，你做环保、医疗设备，在这个渠道上有关系，别人可能在一时半会儿替代不了你。

刚需与可变现性

这些年，我们也接触了不少商业模式创新做得很好的企业。这类企业，要把握这几个点：

你做的事情，一定得是消费者的刚需。刚需，有两层含义：需、刚。

需：这个是他真正的需求，而不是伪需求。曾经有创业者说，我做了一个在健身房用的自行车，可以记录身体运行的各种数据。被所有人质疑。为什么不行？ 你首先应该搞清楚，这到底是真正的需求，还是伪需求？

全世界到目前为止，只有苹果"我就是牛，我不需要迎合市场。

我的产品就这样，你爱用就用，不爱用拉倒"。对大多数创业者来说，要从市场和客户的需求出发，而不是从自己的技术出发，觉得我这个技术很牛，就一定要靠它来做出一款产品。市场接不接受、市场需求在哪里？

刚：这个需求是必不可少、无法避免的。比如情趣用品，有的人需要，有的人不需要，这就不是刚需，很难做大。

可变现性：曾经有一个做线上健身平台的创业者来找我。我说："你已经四十多岁的人了，这么多年也积累了很多资源，放着自己的优势不用，你去跟那些刚出校门的应届毕业生创办的项目竞争，太浪费，太不值得了。"做一个新项目，首先要想办法把原来的资源变现，先梳理一下你手上有哪些资源、哪些更容易变现，哪些变现不了。

大时机与小时机

你的创业项目，跟国家政策是什么关系？比如，列入"十三五"规划的行业，可以搞，但也要防止泡沫；已经列入"去产能""去库存"的行业，你肯定不能再搞了。大家对照着产业结构调整的目录去找一些细分行业做，肯定是有机会的。

还有个例子：前年，昆山的工厂爆炸后，全国各地都下了死命令，必须重视室内环境保护。有个企业，就立即开始做工业企业的室内环境服务，像这种，肯定成长很快。

宏观环境——国家对这个产业的支持力度有多大，这是大时机。也就是说，是社会很需要你做这件事情，而不是你自己要做这件事情。

小时机是指天使投资人有他所在意的时机，PE 也有他所在意的时机，各不相同。比如，你的商业模式尚在探讨，觉得潜力巨大，可去找天使投资；如果产品已经出来了，可以去找 PE。

现金为王

对企业来说，充裕的现金流是最重要的。我们通过对很多企业的观察，总结出一个公式：现金流的增幅，等于业绩增幅的平方根。 大家过两三年之后可以再来回想这句话。2 的平方根是 1.4，也就是说，你的销售额增长了 2 倍，现金应该至少增长 1.4 倍。

现金从哪里来？ 股东、客户（预付货款 会员费）、供应商（协商付款周期）。我们操作过这样一个案例：租房，一般人都是付三押一，我们那个时候想，能不能你一次性付 1 年的房租，我给你便宜一些？对我来说，增加了我的现金流，对租房的人来说，这是好事，我愿意，可是我刚参加工作，没钱啊。于是，我们就找银行，看能否推出这样一款理财产品，为租房人和房东双方同时提供服务。

毛利率 200%？

有一次，在一个项目评审中，一个 MBA 说："我算了一下，我的毛利率是 200%。"大家觉得这个事情靠谱吗？

很多人都会这样想："我 100 块钱的成本嘛，200 元卖出去了，毛利率可不就是 200% 吗？"那么，真实的毛利率是多少？是 50%。以后，大家在接受投资人的询问时，别人一定会问你的毛利率是多少，你一定要记住，毛利率是你的利润除以你的销售额。毛利率最大是多少？是 100%，这已经是一个极限了。所以，以后千万别跟人说你的毛利率是 200%、300%。

抗挫折能力

创业，是一个不断地失败的过程，是一个不断地排查风险、不断地解决问题的过程。很多看上去风光无限的创业者，在坐下来一起喝酒的时候发现，各自的经历都是一段辛酸无比的血泪史。

在哪里跌倒，就在哪里爬起来。爬起来之后，还得向前走。

要有追求

创业者一定要有野心，要打算登陆资本市场。如果你是小富即安，仅仅满足于赚点钱过小日子，兄弟几个分分红，对自己来说，当然可以，但对机构投资者来说，这就不行。你不上市，投资人就无法退出，让他怎么投你？

13. "很多曾经的独角兽公司，都倒在了这些坑里"

研究"失败学"要比"成功学"更有价值。对创业者来说，与其学习别人的成功经验，不如先看看别人是怎么成功的。杨浦区的一次创业路演活动上，汉理资本合伙人柯林在题为《互联网创业团队走过的那些坑》的演讲中，以一个投资人的视角警示创业者应该避开哪些弯路。

互联网创业团队走过的那些坑

20 世纪 90 年代，我从西北某高校辞职，加入中国最早的互联网创业团队东方网景，并作为联合创始人创立了新网互联，一位真正的互联网"老炮儿"。过去的二十多年里，互联网一波接一波，在资本的推动下创造奇迹。我见证了国内外互联网企业的跌宕起伏，看到成功的创业者，也见证了无数创业者的倒下。

创业的成功率极低。刚开始，都是自己投一点钱，在未拿到天使融资时，已经死掉一大批；从 A 轮到 B 轮之间，有 60% 的公司会垮掉；从 B 轮到 C 轮，又有 70% 会垮掉，最终能存活下来的，凤毛麟角。我们现在看到的那些互联网大咖，那些光彩照人的成功者，都是踩着无数创业先烈的尸骨走过来的。

别人的成功很难复制，但失败者的教训是可以借鉴的，他们走过的那些坑也是可以避免的。下面，我们就简单地谈一些失败者常犯的错误，很多曾经的独角兽公司都倒在了这些坑里。

创业的三要素：人（团队）、钱（资金）、事（市场、产品、运营、商业模式）。创业公司身上出现的问题，也就在这三个方面。

团队有问题，比如，我负责市场，你负责产品开发，后来，因为利益分配或发展理念而产生了纷争。你的团队不和睦或实力不强，投资者就不可能信任你。

钱的问题。资金难以支撑是 90% 以上的创业公司散伙的原因——融不到钱；能融到钱，但花钱无节制；钱花到了不该花的地方。看似是缺钱，实则背后有很多复杂的因素。

事的问题：贸然开发产品，结果缺乏市场需求（需求不真实）。

以下几个案例可供参考。

1. 亿唐网：今天，你亿唐了吗？

1999 年，刚刚获得哈佛商学院工商管理硕士学位的唐海松在上海创建了亿唐公司。此时的唐海松意气风发，豪情万丈，亿唐的团队阵容也很强大——5 个哈佛 MBA 和 2 个芝加哥大学 MBA。凭借诱人的创业方案，他前后拿到了两期共 5000 万美元的巨额融资。

在网站发展初期，唐海松在创业方案所描述的商业理想是：亿唐网不仅是一个网站，更是一个辐射线上线下的强大品牌，它为 18~35 岁之间的年轻人提供各种线上服务和线下的生活用户，是"通往中产阶级的一道门"，是一个"生活时尚集团"。当年，亿唐网的广告词"今天，你亿唐了吗"曾经风靡一时。

亿唐网发展最鼎盛的时期，由于有数千万美金做后盾，亿唐人的生活极其奢华，他们经常在豪华的湖畔别墅举办活动，在宽敞气派的健身房休闲。根据一些参与者后来的描述，"亿唐的烤肉架永远保持着香喷喷的温度"。很快，在短短一年内，亿唐仅在宣传方面的投入就高达 300 万美元，约 2000 万元人民币。

在网站内容方面，亿唐网内容则贪大求全，毫无特色，几乎别的门户有的东西，亿唐当时都有。而除了邮箱等少数服务外，亿唐网却没有一样真正拿得出手的业务。与此同时，新浪的新闻、网易的聊天室、搜狐的搜索引擎都已有了不错的口碑。

到了 2000 年年底，互联网的寒冬突如其来，无法盈利的亿唐开始恐慌，钱烧光了大半，第三笔融资已不可能。2001 年 6 月，亿唐经过两度大规模裁员后，其员工数从 120 人跌至 30 人，各个分公司也逐一解散。同时，亿唐网也放弃了象征着向上的"明黄色一代"黄灿灿的背景色调，而改为绿色，这一举动被视为亿唐自身定位的全面动摇。

2001~2003 年，亿唐不断通过与专业公司合作，推出了手包、背包、安全套、内衣等生活用品，并在线上线下同时发售，同时还悄然尝试手机无线业务，它甚至还有模有样地经营起一家模特经纪公司。可惜这些都没能挽救亿唐的失败。

失败原因：定位不清晰，并且太"善变"，没有人能搞清楚亿唐究竟是个啥；融资过多、盲目冒进、烧钱过快。

2.E 国网：中国最早的电子商务明星企业

现在，你是否经常为京东商城的"上午下单、下午送达"兴奋不已？其实，这算不上啥了不起的事情，因为有人早在 16 年前就做到了。

"'一小时能将商品递交到客户手中？'韩国一商社驻京代表金先生说，'在韩国也无人敢喊出这样的口号。可是有一天，在保利大厦门口我看到一个鼠标板上有 E 国网站的宣传口号，我试着订了一份蛋黄饭，果然一小时之内送到了。于是，我们就与 E 国做起了网上零售生意。'"2000 年，成立一年的 E 国网宣布推出"E 国 1 小时"，承诺在网上订单发出 1 小时内免费送货到用户指定地点。虽然这种"笨拙"的经营方式当时被业界评论为"跑步进入共产主义"，也让 E 国网创始人张永青有了"中关村愚公"的称号，但还是让人们记住了他和"E 国"。2000 年 12 月 09 日，《人民日报》第 4 版对此做了报道。

"E国一小时"推出后的前5个月,每月的销售额增长高达50%~100%,但根据当时的成本和利润率,要实现盈利,月销售额必须达到1亿~2.5亿才行,而当时的销售额仅有几百万。一年以后,E国失败了。

失败原因:切入市场太超前,受到配套产业链环境的制约——2000年,国内支付、物流、配送,甚至是网购观念还不成熟,靠一家公司难以支撑起整个行业。E国的物流成本极高,送一单亏一单,卖得越多,亏损越多,这样的模式显然不可持续。

3. 饭否:中国最早的像 Twitter 一样的移动社交平台

2007年上线的饭否是中国大陆地区第一家提供微博服务的网站,被称为中国版 Twitter。2009年上半年,饭否的用户数从年初的30万左右激增到了百万。同年6月2日,惠普成为饭否首个企业付费用户,开始获得第一笔收入。与此同时,陈丹青、艾未未、梁文道、连岳等一批文化名人的加入,带动了饭否的快速成长。

自2009年7月7日起,该网站被有关部门非正常地关闭。此后,新浪微博快速发展。

2010年饭否创办人王兴在接受采访时,回忆一年前饭否被突然关停表示:为了应对政府有关部门对网络言论的监管,饭否当时做出大量删贴、限制敏感关键字、暂停搜索等措施。"我们已经做了大家都能想到的事情。"

2010 年 11 月 25 日，国际感恩节的时候，被关闭 505 天的饭否网站逐渐恢复运营，不过只有原注册用户才可以登录访问，新用户注册需老用户邀请。

发展至今，饭否被公认为"微博鼻祖"，可惜，它再也无法回到过去了。

失败原因：内容开发活跃，触碰到监管机构的敏感神经。

4.1 号店：创始人沦落为"职业经理人"

2010 年，在 1 号店陷入"无钱可烧"的窘境时，创始人于刚向平安融资 8000 万，将 80% 的股权交给平安，控股权旁落。此后，由于利润不佳，2011 年 5 月和 2012 年 8 月平安先后两次向沃尔玛转让股份，沃尔玛掌握了 1 号店 51.3% 的股份。1 号店的创始团队在失去控制权后沦落为实质上的职业经理人。2015 年 7 月，于刚和刘峻岭辞职，重新创业。

2016 年 6 月 21 日，沃尔玛宣布与京东在多个战略领域进行合作，与此同时，1 号店也被当成包袱甩给了京东。耐人寻味的是，在宣布接手 1 号店不久，京东就关闭了 1 号店天猫旗舰店。

失败原因：融资时饮鸩止渴，失去对企业的控制权。

5. 罗辑思维：灵魂人物股权太少

2015 年 5 月 17 日，互联网知识社群第一品牌"罗辑思维"的创办者罗振宇和申音宣布分手。其实，分手早在此之前就已经埋下伏笔。

2014 年 12 月 27 日，"罗辑思维"在名为"史上最无理的会员招募"的第二次社群招募中，一天便轻松募集 800 万元。从那个时刻开始，备受资本关注的"罗辑思维"就已经站在了一个战略分水岭上：继续做大自媒体，还是从自媒体升级成为社群商业？然而，面对过去、面对未来，大家各有想法。如果选择走老路，那么魅力人格的承载者（罗振宇）难免感到潜在价值被遏制；而如果升级，那么对原有运营者（申音）的能力和心态必然将带来巨大挑战。

更进一步，问题在于，这个公司里申音代表 NTA 占大头，虽然操盘的也是申音，但核心资产是罗振宇，简单地说，申音在这个项目里是总经理，罗振宇是总编辑，但两个人之间的股权比重不对等——罗振宇占 17.65%，申音占 82.35%。曾经有投资机构提出，是不是把 NTA 给装进来，但这样的话，申音只会比重更大，依旧解决不了长治久安的问题。

因此，分手便无可避免。

失败原因：运营者与内容生产者股权架构不合理，贡献与权益严重不匹配。

给创业者的建议：创业者不要过早地失去控制权或控股权

有很多创业者找到我："柯总，投点钱吧，你占51%，我占49%。"我说："千万别。真正的天使投资人，一定不会去控制你的股权。因为，你才是真正的驾驶员，我只是个帮手。我要是抢了你的方向盘，替你去踩油门，这样，我还不如自己去创业呢。你开车当中，没有油了，我替你去加油，但方向盘和油门一定得由你自己掌握。天使投资人的比重不能超过三分之一，创始人的比重不能低于51%。"

14. "离过两次婚的人，坚决不能投钱给他"——投资的正面清单与负面清单

当前，在创投界，与资本寒冬相对应的是"项目寒冬"，即很多投资人找不到好的项目。尤其是，"先烧钱、再做大"几乎成了一些互联网创业项目的普遍思路，这让天使投资者的失败风险加大。其实，投资也是有规律可循的，只要遵循一定的投资逻辑，就能降低失败率。

在由复旦校友创业俱乐部、爱就投主办的"创投未来领袖论坛第二季暨洞见 2016 中国创投界趋势"上，爱就投金服、紫槐资本董事长徐文伟分享了他的一些投资逻辑。徐文伟称，他在投资的时候，遵循四大"正面清单"和十大"负面清单"。

正面清单

我们做什么事，都要发挥自己的比较优势，在上海做投资就得利用好上海的比较优势。比如，上海正在建设国际金融中心，在上海，招金融方面的人很容易，但 IT、互联网的人才就没有北京和深圳好

找。不过，要把金融和互联网嫁接，找一些交叉型人才，就比北京和深圳容易多了。因此，在上海，金融领域里有很大的创业空间。

"但上海的金融机构可以投资的不多，农村商业银行的改制也已经结束了，来不及了，因此，我们就依靠建设国际金融中心的东风，在上海布局金融信息服务业。截至目前，我在上海做的金融信息领域的投资，没有一个是失败的。"徐文伟进一步补充说，除金融中心外，上海还是国际航空中心，因此，还可以投资航运业背后的支持力量，如航运及物流信息服务业。

在"利用好上海的比较优势"这个大方向之外，徐文伟提出了四大正面清单。

1. 鲨鱼苗

某项目能给投资人 100 倍以上的赚钱空间，估值在 3000 万以下，融资金额在 300 万以下。并且，还有两个在行业里干过十年以上的人愿意掏钱来投资你。

2. 老母鸡孵小鸡

传统企业需要转型，融到的资金全部用到转型上去，专款专用。同时，专业的投资管理公司也愿意投，且被投资对象自己的团队也会跟着投。

3. 背靠大树

比如，腾讯、阿里是不是该项目的合作伙伴，甚至还是独家合作。或者，在后面有一个上市公司。"像乐视体育，那么多大佬都进去了，这样的项目是不会死的。"

4. 搭便车

比如，一个项目即将被大公司并购，已经谈得差不多了，这个时候你进去，等着占便宜——并购完成后，项目马上升值。

负面清单

教训往往比经验更有价值，因此，徐文伟重点强调的是投资的几大"负面清单"。"负面清单中的每一条，我都交过 1000 万以上的学费。"

1. 过往信用不良的企业不能投

投资就是投人，如果这个创业者已经离过两次婚了，我肯定不投他；如果离过一次婚了，先打个问号，调查什么原因。投资，我是拿钱给你，你跟你的老婆山盟海誓，偶尔出出轨也就算了，到最后，你还要离婚，这样的人，我能指望你挣了钱之后会给我分吗？我担心你会耍各种小聪明，把挣的钱都据为己有。

再就是，信用不良的人不能投。比如有的人信用卡忘了还了、有的企业资金周转不灵被人家告上法庭。信用不良反映了企业的人际关系落后。如果一个企业人际关系足够好，协调能力足够强，就不会发生这些问题。如果一个人很重视自己的信用，那么他的信用卡就不会因为那么几千块钱而逾期。也就是说，这些很小的事件反映的是一个人背后的秉性。

2. 过分强调技术研发，不以销售为中心的企业不能投

有很多企业，一群博士创业，都在埋头研究技术，对技术津津乐道，就是不研究市场如何打。曾接触过这么一个企业，有 6 个博士在创业，拿到投资后，他们就买了一辆雷克萨斯，说是给客户看到企业形象好。这种企业能不能投？不能投。

不能投不是因为他们拿钱买了车，更主要的原因是 6 个技术博士每一个人的技术都特别牛，但是没有一个人去搞市场，正确的做法是拿买豪华轿车的钱去邀请一个做市场的合伙人或高级管理人加盟创业。一个企业 80% 的资源都在搞研发，不花心思打市场，那这个企业一定没有前景，肯定不能投。

3. 没有特色，在细分市场没有行业地位的企业不能投

我们过去都在讲追求规模，比如央企，每年考核都是：你是不是

能够进入世界 500 强，你在世界 500 强有什么地位。但未来的人们，只会为个性化需求和精神消费买单。所以今天的投资，应该是看企业有没有特色，能不能在差异化的竞争市场享有地位。

4. 市场容量小，天花板过低的企业不能投资

任何一个行业，如果他的市场容量只有 10 亿，是不能投资的。因为，他可能发展到 2 亿、3 亿的时候，就已经有了 20%~30% 的市场占有率，已经很大了，但是它再往上长就很难了。所以我们投资任何企业都要看它的市场空间。

5. 老板包袱过重、精力分散、不专注的企业不能投

如果一个老板说自己的产业很多：我有一家酒店、一家会所，还有小贷公司，我有一堆公司……这种企业一定不能投。为什么？因为一个人的精力是非常有限的，如果一个老板精力分散，就很难掌握市场变动，很难成功。

除以上几点之外，徐文伟还强调，业态传统，违背产业升级发展趋势的企业不能投；不懂得融入时代，不懂得借力，不"触网"的企业不能投；没有专业管理机构，没有懂行的带头大哥参与的项目不能投；只想发财，不愿意承担投资风险的创业者，所有的项目都不能投等。

15. 如果不想被资本踢出局，创始人需要做好哪些必修课？

在万科控制权纷争愈演愈烈之际，一些上市公司开始以万科为前车之鉴，通过修改公司章程防范恶意并购的"野蛮人"。其实，修改章程只是一个既不治本甚至也不能治标的"应急预案"，创始人要想不被资本踢出局，还有很多必修课要做。

在过去的多年里，被踢出局的创始人、经验丰富的投资人及专家们从来没有停止过对这类案例的反思，他们也为后续的创业者支了很多"防踢招"。

1. 创始人需要树立起"规则感"

在很多创始人被逼走的案例中，资本方其实并未违反规则，而只是利用了创始人不熟悉规则的漏洞。

长期专注于投融资法律咨询业务的北京尚伦律师事务所合伙人吕海波在接受媒体采访时披露道："我们代表创始人跟投资人谈判时，会考虑某个条款是不是比较苛刻，需不需修改，可创始人常常说无所谓，

'反正是投资人拿钱给我'。创始人觉得好像钱到了我这边，就是我控制了，对背后的权利义务认识不够。而投资人一定会从法律层面做更专业、更严格的条款设计。而且投资人会在投资不同项目时不断积累经验。这也是现在创始人和投资人发生争斗时比较容易吃亏的原因。"

2008 年，俏江南在拿到鼎晖的 2 亿元投资时，也"中了圈套"——鼎晖在投资条款中设有"对赌协议"：如果俏江南无法在 2012 年年底前上市，鼎晖有权退出投资，并要求俏江南的原股东高溢价回购鼎晖的股权。此后，俏江南两度冲击资本市场，但均以失败告终。2011 年 9 月，张兰公开炮轰鼎晖投资，表示早就想清退这笔投资，但鼎晖要求翻倍回报，双方没有谈拢。张兰曾在接受媒体采访时称，引进鼎晖投资是"最大失误""毫无价值"，并称"他们什么也没有给我们带来，那么少的钱占了那么大的股份。就当我们交了学费吧"。

雷士照明曾经的投资方、赛富亚洲合伙人阎焱在自己微博上发文："不知鼎晖当年是否拿了把刀架在了俏江南的脖子上签的约……若当年鼎晖的投资合约不是武力相挟的城下之约，那么这样对投资人事后的谴责及翻盘就显得太缺乏商业的基本诚信了。"

吕海波谈道：对赌是相对公平的。但是，这需要创始人对自己企业的未来不仅要有足够的信心，更要有准确的判断。"一些创始人在签对赌协议的时候，往往是贪大求全，我为了要发展，不管什么条件都先把钱拿过来，或者是饮鸩止渴，企业很困难了，一定要描述一个好的蓝图把钱'蒙'进来。这种情况下就给后面的争斗埋下一个祸根。"

吕海波认为，创始人一方对与投融资的"规则感"还需进一步加强。

2. 不能饮鸩止渴

雷士照明创始人吴长江曾坦言，早先在跟风投谈判的时候，自己还没有什么经验。而风投则对每个条款甚至细节都做了很详尽的约定，对他来说无疑又像被"架"上了，"企业一旦操作不慎，每条条款都足以压垮企业"。但企业缺钱的事实，又将创始人有意无意地推上与风投合作的平台。

对于历历在目的"伤痛"，吴长江曾通过媒体公开表示，"雷士所有这些麻烦都是吸引外部资本引起的。奉劝创业者，当你需要引进资金的时候要慎重。我当时就是太草率了，资金有困难时认为资金来了就行了，没有考虑清楚。"

"那些引起纷争的项目大部分融资都是雪中送炭，而不是锦上添花。"吕海波指出，在企业发展遇到困难的时候融资，投资方的条件会相对苛刻，甚至是"乘人之危"，这就为后面的争斗埋下种子。因此，创始人如果希望能持续地对公司决策保持影响力，在融资的时候就一定要谨慎，千万不可为了短期利益而轻易出让控股权。

3. 消除"融资饥渴症"

创始人被扫地出门的不幸遭遇，很容易遭到外界的同情，但创始人一方如果只是一味指责资本游戏的残酷与险恶，却又失之于简单了。创始人应该反思的是：我为什么要融资？

通常，企业跟资本合作是为了解决资金短缺的问题，可有的企业在跟资本方合作之前，经营业绩及财务状况都非常好，比如，俏江南和大娘水饺作为"一手交钱一手交货"的餐饮企业，他们没有"应收账款"，现金流充足且稳定，根本就"不差钱"，那他们为什么要融资？

可能是因为国内金融市场发育尚不成熟、市场参与者尚不够理性的缘故，很多企业，尤其是创业型企业，往往患有一种"融资饥渴症""融资崇拜症"。他们可能并不十分缺钱，但在他们看来，获得资本的青睐是一种无比高大上、前途无量的事情，可以拿出来作为宣传的素材，于是，今天得意于"A轮融资"，明天又得意于"B轮"融资。可是，这些融资，真能使你的企业发展得更好吗？

对创业者来说，认识到资本的意图很容易，真正困难的是，当资本送上门来的时候，你是否能够抵得住诱惑？少一些融资饥渴症，你将会避免很多麻烦。

4. 要寻找与自己理念一致的投资人

创始人与投资人闹僵，不全是因为利益冲突，有时候还是基于理念不一致。君百略咨询管理合伙人兼 CEO 张政军认为，创始人与投资人的争斗，从市场经济的角度来看无可厚非，双方彼此发展理念不一致就各走各的路，这在国外也常发生。但像中国近年来的几起案例，闹得不可开交就显得不太正常，这显示出中国不少企业在公司治理方面仍有待完善。

张政军建议，企业应当选择相对而言比较合适的投资方。"一个企业寻求外部投资人很重要的一点就是要看他的理念，与公司发展的愿景是不是一致。"

5. 创始人要学会当"职业董事长"

对中国大部分公司而言，在企业发展初期的艰苦阶段，基本都是以老板为核心的"独裁制"架构。对初创企业来说，创始人一度独操大权，对企业的发展拥有完全决定权，可以灵活运用权限解决问题。然而在进入资本市场后，决策程序化，并且必须遵循公司内部规范、相应法律法规。此时，创始人的心态也必须转变，养成遵守规则的心态，否则董事会一定会以公司利益为重，不顾及创始人的身份。雷士照明吴长江、中宇卫浴的蔡氏父子的出局，均和他们的违规操作相关。

华南理工大学风险投资研究中心主任崔毅对创业者们提出建议：以吴长江为代表的众多民营企业家们，在企业发展的过程中应该不断反思，看清楚自身的长处与不足，并通过组建强大的团队弥补自身的不足；其次，不断学习和进步，随着企业的不断发展和规范化，企业家的个人素质也应该相应提高，不断提高自己，积极学习进取；此外，时刻保持"归零"的心态，过去的成功只属于过去，未来是不可预料的，只有抱着"归零"的心态，摆正态度，才能不断进步。

伯格公司治理研究院执行院长刘少华认为，随着公司的规范化和现代化，创始人应当学会反思，尊重董事会，规范自身的行为。中国现在缺的并不是职业管理人，而是"职业董事长"。做好企业董事长的职业化培训，培育出一批职业化的董事长，才是当前众多民营企业需要做的，我将这个称之为"老板的职业化革命"。

6. 创始人自己要"干净"

在大部分引起纷争的项目中，都不可避免有一些不合规甚至违法的影子在里面，这也是争斗的导火索。

比如，万科被宝能和华润指责为存在"内部人控制"问题；比如，在雷士照明一案中，王冬雷一方指出，吴长江在未告知董事会成员的情况下，将雷士照明品牌权利私自授予了另外三家与吴长江有深度关联的企业。

在雷士照明的发展过程中，吴长江"草莽英雄"的气质与举动无时不在。比如涉嫌代员工持股，从而让竞争对手留下"口舌"，以及涉嫌利用经销商的力量对其他董事会成员进行"逼宫"等行为，从而让阎炎与施耐德出现无路可退的局面等。

再比如，在上海家化原董事长葛文耀被被资本方平安信托赶走的案例中，平安方面称，接到上海家化内部员工举报，反映集团管理层在经营管理中存在设立"账外账""小金库"。

"存在一些内幕或者不可告人的东西，他们不愿意在法庭上把所有的东西都抖出来，落得大家两败俱伤的局面。"吕海波说。

因此，创业者如果要理直气壮地维护自己的权益，首先得确保自己是干净的，这样才不至于因为被别人抓住了"小辫子"而不敢声张。

第 三 章

"好人赚钱"与"有钱也不能任性"

16. 这样的好事，哪怕不赚钱也要干！

（本文由企业家周新平在第八届世界商业伦理论坛上的演讲整理而成）

祸不单行

2008 年，我放弃了一份年薪近 1000 万的工作，从跨国公司辞职，带着满腔热血、几百万现金和几个朋友，回湖南老家，在城乡接合部租了一个农场，开始种植油茶树。

农场主的生活很惬意，但好景不长。第二年就出现问题了——我们之前在山上种的树，成活率不足 1%，园里面育的苗，200 万株，成活率不足 15%。几百万的投资都打了水漂，心情非常沮丧。

俗话说，祸不单行。当时除经营农场之外，我还拿出了 4000 万的资金做茶油的贸易。但 2009 年，网络上突然出现了一则消息，说某个品牌的茶油中含有致癌物质，很快，关于茶油的负面消息在网络上铺天盖地。随后，茶油的市场价格在两个星期内下降了 45%，货也卖不动了，整个行业面临着崩盘。一下子，我手里的资金链就断了。

当初回来创业，一方面是想做自己喜欢的事，另一方面也确实是想帮农民做点事。如果成功了的话，老百姓自然受益。但是没想到会是这样的结局。

我面对的是农民工、包工头、基建，每一个人都不能欠钱。当下就面临着经营不下去的问题。坚持还是放弃？以我的个性，不愿意就此罢休。但如果这个行业要垮掉，消费者不买账，你还怎么坚持？这个时刻也有一种软弱。

而且，乡下的生活刚开始是挺新鲜的，但在过了一年两年之后，再碰到这种艰难时刻，你就觉得一切都变得索然无味。以前看到鸡飞狗跳会很兴奋，现在就会特别讨厌；以前觉得鸟叫是音乐，现在则觉得是噪音。在这次巨亏之后，我就想总不能一辈子都做这种永远没有出头之日的事情吧？我在广东还有一个参股的公司，如果回去，照样可以去当个 CEO，要不要回去过这一种轻松的生活？

峰回路转

但是，我后来想，退场也得有个退法啊。我向农民租了几千亩地，总得按正常程序把租赁合同解除掉啊。否则，我回到广东去，总不能让农民再追到广东问我要钱吧？所以，我想，还是去基地看一看吧。我知道，那里的农民挺穷的，就拿了 20000 块钱，包了 100 个红包。

晚上，我在支书家里跟一些村民座谈。我说想解除合同，村长和支书马上说："老板，我正想跟你道歉呢。你在这里种了两年树，我们没有管好，都种死了。但这是有原因的——我们以为你们是拿着国家的扶贫项目资金来做这个事情的。因为我们这里是贫困山区，每年都有人拿着项目资金来种树，但他们从来没有把树种活过。每次都是种树之后，他们上面把钱分了，我们老百姓拿一点工钱，此后他们就再也不会来管了。"

"我们刚开始以为你们也这样的。本来，种这个树需要挖一个60厘米×80厘米的坑，你们人在的时候，我们会把坑挖这么大，你们人不在的时候，我们就把坑挖得很浅，用脚踩一下就完事儿了。但没想到的是，你们还会每个月都给我们发工资。更没想到的是，树都种死了，你们却依旧给我们发工资，还来给我们发红包。说实话，我们已经不好意思再拿你们的工资了。就算你今天不来解除合同，我们也不会再去找你们闹事。今天，你又主动来，我们就更加觉得对不住你了。"

"我是当书记当了三十年。但我无能，乡亲们依然这么穷。然而，你知道你这两年时间给我们带来了什么吗？我们有110户老百姓，最少的拿到5000元，最多的超过1万元。这些钱，在你们城里人看来也许不算多，但在我们这个人均年收入只有1000元的村里，简直就是一家人的救命钱。因为这些钱，有些以前有了病只得苦熬的人，现在敢去医院看病了（注：这个村里的人均收入1000元，不全是现金收入，还包括地里的收成所折算成的收入。有的家里，甚至就没有几个现金）。"

"以前，我们不知道你们是拿自己的钱来种树，做的时候不用心，没做好。最近，我们正在商量，明年再帮你们免费种一年，作为补偿。而且，你不要每个月都发钱。你三个月发一次，我们联合组成一个检查组。把这三个月做的事情都列出来。一家一家去落实。哪个做得不好，扣多少分。我们唯一的要求就是，你不要走。你要一走的话，我们就又什么都没有了。"

第二年，就按村民自己提出的方法干，成活率95%!

说实话，当时下长期干的决心是很难的。因为，茶树要6~8年才能结果，这就意味着，有6~8年，我只有投入，却没有产出。但我在还能帮助村民的时候，这样一走了之，是不是太自私了？我心里非常矛盾，便打电话给我的几个股东，征求他们的意见。我说："现在遇到这样的情况，从内心里，我想留下来跟他们一起干。但我拿不准，自己能不能坚持6~8年。万一中间没有任何收入怎么办？"这时，我的两个股东都说："这样的好事，哪怕十年不赚钱，只要你能坚持在这里干，我们都支持你!"

听了这句话，我一下子觉得特别温暖，也觉得自己高大起来了。如果我这辈子能把这件事情做好，就已经不是赚点钱的问题了。先不说能否带领村民致富，至少能帮老百姓解除眼前的困难。把大片的荒山变成绿油油的茶树林，就能给老百姓带来一百年的收成啊（油茶树在结果之后，往往还有100年以上的寿命）。这么一想，我就有了一种豁出去的感，哪怕钱不够，也要硬撑下去。

要解除眼前的困境，马上就得拿出 3000 万。我跟两个股东商量，马上增资。我还跑回广东，把自己的两套房子以市场价的七折卖掉，筹措到了三四百万的现金。再一个，我知道我老婆还有几百万，就去骗她说："我的项目现在发展得很好，赶快拿钱出来，我要增值，这样，将来的回报率很高的。"我老婆被我骗了一辈子，也非常相信我。我还找一个朋友借了 3000 万。

这些钱到了之后，境随心转。再看以前的困难，好像都不是个事儿了。以前所畏惧的投资回报周期长，现在对我来说，已经不再是个问题了。

这时，运气也好，此前流传的"茶油致癌"问题，经专家论证，只是个别企业的产品质量问题，而不是茶油本身的问题。这样，我们这些原先被误伤的企业就得救了。在市场复苏之后，以前囤积的卖不掉的货，都能卖掉，而且价格反弹幅度大，我每吨还多卖了 2000 块。这些多赚的利润中，还拿出一半分给了一些跟我同甘共苦的合作方，如供应商等。因为在市场不景气、我没钱的时候，他们有也没有逼债。

2010 年，我参股的量子高科，在深圳创业板上市。这样，我个人的财富一下子就从百万级上升到了亿级。在庆功的时候，有人问我最大的感受的是什么。我说："这辈子再也不用为钱的事情操心了。"我算了一下自己现在有多少钱了，我又算了一下在湖南种茶树这个公司，如果一分钱都不赚的话，我们能坚持多久？我可以坚持 15 年！

量子高科上市一年之后，我可以卖股票了，还掉了之前因为种茶而借的几千万。当时，股吧上经常有人骂我："这个第三老板（第三大股东）老是卖股票。"后来，有了解我的人出面解释："你们别骂人家了。人家卖股票，是去种茶树帮农民去了。"后来，就没有人再骂了。

让农民活得有尊严

2011年，在新工厂落成典礼上，想起这一番酸甜苦辣，百感交集。随后，我写了一篇文章，结尾是：我有一个梦想：让油茶开遍三湘大地！漫山茶果金黄，村村茶油飘香；我有一个梦想：在油茶花盛开的地方，乡亲们能过上有尊严的生活，幼有所依，老有所养；我有一个梦想：在油茶花盛开的地方，农村的孩子像城里的宝贝一样，幸福地生活，快乐地成长！

写完这段话，我这个48岁的男人泪流满面。

有了这些想法，就没有什么困难可以阻挡我了。现在，我们有40万亩茶油基地，其中有4万亩是我们自己种的，36万亩是农民加入的合作社。组织起来后，我们带动了1万多户农民增收。当地的有些政府官员称我为"万户侯"。

我们提出过一个口号"百亩茶山万斤油，又讨老婆又盖房"。刚开始，村民不相信我，我就给他们开会，给他们好好讲。然而，叫老百姓来开会，他们都不愿意来，还需要发钱发东西他们才肯来。但到后来，他们都很乐意来开会，因为我会教他们方法，教他们怎么做事、怎么赚钱。他们觉得这些会议对自己是有用的。

村里有个老汉，没什么收入。以前，两个儿子每个月给 100 元生活费，还经常有意无意地忘记给了。儿子不给钱，老汉就生气，一生气就喝酒，喝醉之后又打老婆。现在，他们家承包了 150 亩茶山，每年有 3 万元收入，不需要再问儿女要钱了。农村的老人一般自尊心很强，他们不愿意问自己的儿女要钱。只要自己还有能力赚钱，他就一定会自己赚。这就是活得有尊严。

老汉很高兴地告诉我，现在过年过节还给孙子发红包。在农村确实有这样一个习惯，如果爷爷奶奶有钱给，家里的孩子就多，没钱给，孙子孙女就很少来。这样一来，老汉就活得有劲儿了，身体也好了。

移风易俗

不过，我们逐渐发现，很多农民有点钱之后就不走正道了，没几年，吃喝嫖赌就挥霍完了。这样下去，即便是让他们赚到钱，也不是一件好事。因此，伦理道德的教化是一件迫在眉睫的道路。

似乎老天安排我去这个地方是有用意的。这个村里的人都姓周，跟我一个姓。我就说，我们都是一家人，给他们讲家族史学。从周文王、周武王讲起，不管姓不姓周，先讲了再说。后来，我发现这个村里有个爱莲塘。"出淤泥而不染"，原来周敦颐是他们的祖先。于是，我重修爱莲塘，把周敦颐老先生的像给塑起来。我对村民们说："我们要对得起我们的老祖宗，不要给他脸上抹黑。他站在这里看着大家，我们谁干坏事，他都知道。你要是希望他半夜去你家里把你抓住。"这是在培养一种敬畏之心。

我还请专家来这里讲孝道、讲弟子规。有些学者说，刚开始担心农民听不懂。但后来他们却说，到这里给农民讲，要比在学校跟学生讲有价值多了，希望下次还能来。他们讲的东西，农民听得懂与否并不重要，心与心的交流才重要。他哪怕在这两个小时里只听进去了一些只言片语，入心了，就足够了。就这样一个春风化雨的方式，慢慢地，这个村里发生了一些远远超出我们预期的变化。

财散人聚

很多人都喜欢说农民有很多坏习惯，如喜欢占便宜。现在，我想让大家思考一个问题：农民为什么喜欢占小便宜？因为他们占不到大便宜啊。大便宜都让你们城里人给占完了。

所以，别人眼里的小便宜，在农民眼里就是大便宜。我们做农业的人，很多人为什么失败？就是因为喜欢去跟农民争小便宜。争来争去，我们发现，我们所有人的脑袋加起来都算不过农民，因为人家每天就是那样算的。所以，要把农业做起来，你一定得让农民占小便宜，而且要让农民把小便宜占够、主动让他们占、在合理的范围占。

再讲一个跟农民的关系问题。前面做的这些事情，我也不知道效果怎样，会在怎样的事情上体现出来。直到发生了这件事。

2014 年 11 月，一个在厨房里做事的老太太出去买菜，从三轮车上掉下去摔死了。我问询后想：现在，死者家属是不是已经抬着尸体堵在门口了？想当初，我们刚来的时候，在路边压死一只鸡，村民都会拦住你。本来买一只鸡也就五六十块，但他们非得让你赔偿个三四百。现在死了个人，那还了得？可后来的结果大出意料。家属没有向我们提任何不合理要求，甚至不要求赔钱。我觉得，人家要求赔钱也是公道的，我们也愿意赔钱，毕竟人家是帮助我们做事。我只是很怕那种闹事的。

后来，村干部告诉我们，死者的亲属本来也是打算闹事的，但村干部及全村人都给他们做工作。"不能去闹。这个公司五六年为我们村做了那么多好事，你去把他们闹走了，就得罪了一个村的人。何况，这个老板也姓周，我们都是自家人，有事不能好好商量吗？"死者的大儿子是个教师，也算通情达理，给家里其他人做工作，只要合理赔偿就够了。

当悲剧发生的时候，我们都是一家人。

终极目标

很多人做企业，到最后为什么会觉得很累？最大的问题还是志向，你的人生目标和追求在哪里？

小时候，我最大的梦想就是能够跳出农门。后来上了大学，再参加了工作，我就跳出了农门。但过了一段时间，又没有什么志向了，因此就又迷茫了。这个时候，我就又有了一个新的志向——我要做一番事业，特别是要让我初中和高中的女同学后悔。我既貌不惊人，人又穷，而女同学大都嫁给了长得帅的有钱的。后来，好像三四十岁的人又兴起了开同学会，果真有女同学后悔的。

这个目标实现了，我就又迷茫了，直到后来又有了新的目标——帮助农民活得有尊严。那次，我为什么会流眼泪呢？因为我找到了人生的终极目标。

17. 还没毕业就"站在了 CEO 的肩上",这些孩子背后都有个"神秘后台"

如果你曾经就读于一个位于二、三线城市的大学,却又打算刚毕业就去一线城市很牛的公司,那么你在求职之路上一定经历了不少坎坷;甚至,你尽管做了很多努力,最终却仍未能如愿。

你所面临的最主要问题是:不知如何获得一段足够有分量、认可度高的实习经历——你所在的城市,不仅没有 BAT 和华为、小米这样的巨头,而且也没有美团、喜马拉雅和一条这样的新型互联网公司。你或许也考虑过去这些公司所在地的北上广深或杭州找实习,可你在那里人生地不熟,没有门路,而且可能还承担不起路费和房租。

因为种种现实困难,很多本来很有潜力的好苗子,最终往往不得不"屈就"于二、三线城市的传统企业;或者在毕业几年之后才经过努力转战进入一线城市、进入自己最理想的企业。然而,与那些在一线城市读书、早在学生时代就进入新经济实习的孩子相比,你就已经错过了几年的时间红利。说不定,等你从二线城市辗转进入 BAT 时,后者早已经离开 BAT 创业,做出一家"独角兽"公司了。

不过,还有一些孩子要比你我幸运得多。

2014年四月份，跨界创新平台联合发起人任剑琼和她的友人汽车芒果CEO吴越、那衣服创始人兼CEO封华等发起了一个叫"种子计划"的公益项目，从全国各地海选出来一批有创造力、有冒险精神的大学生，并把他们送进喜马拉雅、优酷、一条、沪江等引领趋势并高速成长的互联网创业公司进行暑期实习。实习期间，学生们得到喜马拉雅创始人余建军和优酷总裁魏明等CEO的亲自指导。实习结束后，这些学生站在更高的起点上，走向更新的世界。

站在CEO们的肩上

下面，我们来听听孩子们是怎么说的吧。

故事一

我叫王子为，现在是南京大学的大三学生。我一直热爱微视频，在高中时，我曾创办过校园电视台，还拍了一部播放量达到5万次的微电影，并被《扬子晚报》报道。但在高考填志愿时，因家人的意见，我并没有选择自己喜欢的传媒专业，而是报了南京大学金融投资系。我原本是打算毕业后先做金融，解决生存问题，再利用业余时间写小说、做视频，然而，2015年大一暑假参加"种子计划"的实习后，我的人生轨迹开始改变了。

我应该是唯一一个进入面试的大一学生。面试时，"种子计划"的导师任剑琼老师对我说："比起其他来面试的大三、大四学生，你太清楚自己要什么了。但你的性格里还是有一份懦弱。你虽然喜欢做视频、喜欢写作，但你却遵循家人的意见选择了'能赚钱'的金融。"这句话，一下子击中了我的痛点。

任老师接着对我说："给你两个选择：一是坚持你现在所学的专业，毕业后做金融，也许未来你出入的是五星级酒店，会有较好的物质条件，你闲暇时光里也可以继续写写书、写写文章，但和同龄人相比你已经错过了时间红利；另一种是从现在起就做你喜欢的传媒领域，去坚持五年、十年、二十年，我觉得任何一个人在一个领域坚持十年之上总归会有些成就的。而且当你真正进入传媒这个领域，你会知道待遇其实也并不差。"当时我就说："我会选择后一种，只有后一种达不到的情况下才会选择前一种。"

于是，我被推荐给了优酷的总裁魏明，随后进入优酷实习。在优酷的那段时间里，我尽可能地体验每一个岗位的工作，见识到了一个行业领先的视频平台管理自频道和制作节目的所有流程，我希望自己今后也能带领团队学习这个流程。

和魏明总裁的几次交谈，也让我印象颇深。记得在面试时，我对魏明说我喜欢篮球解说，想把一些经典的比赛拿回来重新解说（有很多经典的比赛都没看过，网上找不到中文版的解说），魏明随即就反问："既然你喜欢这些事，也有点子，那你为什么不马上开一个自频道开始做呢？"

八月份回到南京之后，我就和两个同学一起创办了中国第一档篮球吐槽脱口秀节目《黝黑蜗壳》这个节目，我担任节目组制片人兼总负责的角色。

今年种子计划三届种子聚会上，第二次见到魏明总裁，他给我提了两点新的建议：一个节目如果想有大的播放量，八分靠内容，只有两分靠推广，首要任务还是把内容做好；二是跟投资人谈话有个"电梯原理"，你需要把你要做的事在"电梯从一楼到十八楼的时间里"表达完尽，简洁明了，对方不会给你太多的时间。

魏明总裁的建议让我在后来的创业过程中受益匪浅。如今，《黝黑蜗壳》团队成员从最初的三个增加到了二十几个成员，《黝黑蜗壳》及其旗下节目也在腾讯自频道累计了300万的播放量，最高一期节目播放量达30万次，积累了7000个粉丝，直播同时在线人数过万，在NBA媒体圈内集聚了一定的人气。目前，《黝黑蜗壳》已经接触到了有意向的投资人。

故事二

我叫Aurora，2015年毕业于宁波大学。我出生在西安一个普通的知识分子家庭，像许许多多传统的中部地区的父母一样，我的父母也曾希望我可以在大学毕业后去做一个公务员。而我自己也一直迷茫，不知道自己想要什么，一直缺乏明确的职业规划。

2014年四五月份，听说"种子计划"的暑期实习"拥有很多种可能性"，我就去参加了面试，然后进入腾讯大申网实习。在实习期间，我发现很多同学和我一样，也许在一开始都无法确定自己的职业方向，但是通过这个过程，我们会收获更大的视野，逐渐明确自己真正想要的是什么。

大四时，我拿到了一个世界 500 强的管培生 offer，这是一份体面而稳定的职业，况且，这家公司还是行业内排名第一的龙头企业，我心动了。进去后，上司也很欣赏我，还把我送到新加坡工作。但在工作的过程中，我发现自己并不适合外企那样安稳的环境。外企其实是以整体的方式去运作的，个人能够起的作用永远是有限的。

也许是种子计划之前在我心里播下的那个小火苗一直没有熄灭吧，所以我决定跳出自己的舒适圈，去做更有挑战的事情。目前，我在北京的一家互联网公司做市场类的工作。互联网颠覆了很多东西，带来了很多重组式的创新，我也希望自己可以身处其中，做一个见证者。

今年八月份，第三届"种子"们以一份《95 后移动生活调研》结束了他们在种子计划的实习生活。我没能去现场，但是我在家里通过直播收看了整场调研报告，触动很大。现在的 95 后真的非常厉害，他们展示了很有含金量的调研报告。让人意外的是，台下的评委们观点格外犀利，他们并没有因为汇报者的年龄而轻视他们的观点，纷纷一针见血地指出了很多需要推敲的细节，感觉评委们完全是用一种格外严谨的态度在对待这样的报告。

说实话，我很羡慕台上的小朋友，因为他们有这样的机会，将想法讲给这些资深而专业的人听。倾听的导师格外认真，给出了最扎实最中肯的评价，这才是演讲的每个人最宝贵的财富——有人不敷衍的倾听，并给你最扎实的最有分量的指导，这样才能帮助你更快的成长。我想这也是种子计划本身的独特魅力吧。

"不为年轻人赋能，是一种很大的浪费"

任剑琼发起"种子计划"的动因是什么呢？

"现在，还没离开校园的年轻人非常需要职业引导。我们已经拥有了一定的经验和资源，如果不为年轻人赋能，是一种巨大的浪费。"任剑琼说，在很多二、三线城市，尤其是非 985、211 高校，有一些非常有潜力的的学生。这些 95 后是移动互联网的原住民，他们在生活中对移动互联网已经不陌生了，却不知道这些东西跟自己的未来有没有关系。"他们坐拥移动时代的所有红利，却仍然希望能找个'稳定的工作'，比如公务员。"

任剑琼说，一方面，他们缺少一种基于新经济、新业态的引导——学校的教育在这方面是缺失的；另一方面，在新经济领域已建立一定影响力的创业者，他们愿意与年轻一代进行一种非功利的"心智交换"，这是他们作为当代创业者的天性——希望集聚同类，释放影响力，他们所在的企业每年也有大量用人需求。

"每个人都是一个巨大的矿藏，如果挖掘不善的话很快就会枯竭了。大三、大四的学生要尝试着让自己的喜好、禀赋跟未来新经济的需求相匹配。"种子计划把有潜力却没机会的孩子送到一流的互联网公司,将校园与新经济深度连接。有的学生毕业后就去了自己曾经实习过的企业,如毕业于上海大学的陈嘉谊,2015 年通过种子计划去沪江网实习,毕业后加入了沪江,实现了从"种子"到"沪江人"的转变。

陈嘉谊在实习期间还得到了跟 CEO 阿诺交流、直接跟随首席教育官吴虹开启"互加"计划的机会。"种子计划的初衷是,CEO 一定要抽时间亲自帮带,每个学生要有 2~3 次跟 CEO 对话的机会——为的是将企业及创始人的创造基因输送给学生。"任剑琼说,一个大学生如果是通过常规途径进入一家公司,是不大可能得到这样的系统孵化的。

种子反馈摘录

我们共收集56份种子问卷,从5个方面进行汇总,单项满分5分,以下为13家企业的平均值。

	对企业的了解	与CEO的交流	与Mentor的交流	工作饱满度	种子自我成长
平均	3.8	2.9	4.3	4.5	4.3

喜马拉雅FM

感想:
1.喜马拉雅FM是一家企业文化比较崇尚自由、环境比较优美的公司,公司文化平等开放,公司的大群里甚至还会发余总的表情包,上班氛围很轻松,充满移动互联网公司的去中心化、扁平化特质。
2.CEO与Mentor经常跟种子们保持交流,工作技能得到提升的同时,也获得很大认可。每天都很充实。

合作企业	对企业的了解	与CEO的交流	与Mentor的交流	工作饱满度	种子自我成长
喜马拉雅	4	5	5	4	5
平均	3.8	2.9	4.3	4.5	4.3

种子计划每年 3 月份启动，通过微信公众号"种子计划"等网络招募方式发布信息，并进行路演。应选大学生需完成网上问卷调查和荣格测试，并通过面试才能入职。

发 现 与 匹 配

种子 特征
人生方向
职业方向
风险偏好
突破能力
企业偏好
专业偏好

企业 特征
所处行业
竞争优势
开放岗位
风险等级
创始人风格

网络测试 —— 荣格心理测试
种子计划团队和企业HR 面试

种子计划的选拔方式很受学生欢迎。2016 年暑期进入一条视频实习的曹思珂说："种子计划最吸引我的一点就是，选拔全过程中不要求提交任何形式的简历。我喜欢得到旁人的认可和暂评论，更多的是基于现在的我如何，而不仅仅是参考过去的我是怎样。"

对参加种子计划的学生，合作企业每天发放 80~100 元的实习补贴。从 2015 年开始，对从外地赶到北京和上海面试的孩子，种子计划会补贴一部分路费；对确定要留下实习的外地生源，每个月补贴房租 800 元。任剑琼说，现在资金有限，如果明年能募集到更多的资金，给外地学生的补贴也会增加。

至今，"种子计划"已经连续实施了3个暑假，三期接收的种子数量分布为47人、43人和56人。总体上，来自非985、211院校和二、三线城市的孩子比重在上升。

年份	来自非985、211高校的孩子所占比重	来自二、三线城市的孩子占比
2014	47%	17%
2015	82%	65%
2016	74%	74%

备注：非985、211高校的定义是：除985、211及海外院校的所有其他院校。在第三期，因为有一些海外高校的学生加入，因此统计的结果是"非211"的比重下降。

目前，"种子计划"的合作企业只有上海和北京的。任剑琼希望在条件具备的时候能够把广州、深圳、杭州等新经济比较发达的城市也纳入进来。

出发了之后，就会有志同道合的人加入进来

"回想第一年刚准备干这件事的时候，我们内部也有争议，好像还没准备好，会有人来响应吗？"任剑琼当时的想法是：不可能是从一开始就万事俱备的。出发了之后，就会有志同道合的人加入进来，而不

是说你先找到一堆志同道合的人再出发。

刚开始是没有预算的，资金也是自己解决的。到第二年，开始有朋友和企业赞助了。到第三年，即 2016 年，种子计划共收到 64 万元赞助，也有企业以系统性网络传播（一条）、场地赞助（Soho3Q）的方式给予了支持。

除 12 家合作企业的 CEO 和高管外，还有几十个志愿者在协助"种子计划"的发展。某些种子在毕业后，也会成为志愿者。故事二中提到的 Aurora，去年在宁波大学组织 300 名学生做了一次种子计划"路演"，结果，又有 2 名宁波大学的学生通过面试进入种子计划。

"目前，我们团队的所有人都是兼职的，2017 年，希望能够有一个全职的人来负责这件事情。"但增加人员，还需要做成本上的考量。

记者问任剑琼：在做种子计划以来，您的心态发生了怎样的变化？

"以前，我是公司里的高层（曾任上海通用汽车公关总监、别克品牌总监、宣亚传播集团 CEO、雪佛兰总经理及上海张江集团文化控股总经理），任何想法，安排各个团队去做，做不好，我可以评价、可以换人。但现在做公益，基本是所有的事情都要亲力亲为，设计问卷、学习网站搭建的技术、逐字逐句修改志愿者们写的微信稿子、每个企业的联系和协调。"

"以前，我在岗位上很拼，但基本不用求人；但现在，比自己年轻 20 岁的合作者，我要学会用他们的方式和节奏与他们相处。"

"还需要克服一种心理，不要认为你是做公益的，别人就应该帮你。如果别人听了你讲的事情愿意帮你，你一定要心存感激，这是礼物；但他们不帮你，也非常正常。甚至有人怀疑你的动机，或认为你在干一件很笨的事情，你也要感谢生活，让你拥有了一种独特的体验。"

对任剑琼来说，做公益，也是一场"自我修行"。

理想要坚持，但能不能"顺便赚钱"？

如果背后没有足够的财力支持，不赚钱的纯公益是很难可持续发展的。因此，记者问任剑琼：种子计划是打算永远做纯公益，还是也有商业化的设想？

任剑琼给记者出示了一份《95后移动生活报告》。"种子计划中的学生来自全国各地，情况各不相同，而他们加入的企业也是各有特色。2016年，我们把学生分为九大组，如电商组、音频组、汽车组、教育组、VR组、互联网金融组、直播组。学生围绕不同的组别去做基于95后移动生活习惯的调研。这个调研对企业是有价值的。"

95后移动生活调研报告

"今年的调研结果，我们与媒介 360 合作，将在此基础上提炼出《95 后移动生活报告》。下一步，我们希望进一步跟媒介 360 合作，把这个报告产品化，争取将来能有品牌主来赞助这个报告。"任剑琼设想，这个报告每隔一年做一次。以后，还会针对一些细分领域做单项报告。

"不过，对这个事情，我们没有完全想好。因为，商业化的 KPI 考核，跟公益是不一样的。你如果做得太商业化，会不会使得做公益的聚焦性被稀释？"面对着商业化"干扰初心"的可能性，任剑琼显得格外谨慎。

18. 通过"互联网＋猪"，他们解决了"钱往哪里去"的疑问

拿出手机，打开 APP，像淘宝购物一样点几下，就有了自己的一个牧场，里面养了十几头小猪，每天打开手机还能通过视频看看小猪是否按时吃饭、有没有生病、长多大了？一段时间后，小猪出栏了，本金与收益就自动躺倒你的账户里了。

一直以来，吃猪肉只是一项单纯的日常消费行为，但通过这个 APP 养猪吃肉，"吃猪肉"就同时具有了理财的效果……

是不是听上去很好玩？2016 年年底，当丁磊的"高科技猪"刷遍朋友圈的时候，我在网络上搜索一些资料，无意间看到知乎上有人提到一个叫"牧芽"的公司也在"用现代化的方式养猪"。

在好奇心的驱使下，我又查了更多的资料，然后发现，"牧芽"原来是一个互联网金融平台。牧芽的身上带有 P2P 平台的痕迹，但它又不仅仅是 P2P，与流行的 P2P 平台上常常出现资金流向不明的情况相比，牧芽采用的是"互联网＋猪＋金融"的模式（众筹养猪），投资者清清楚楚地知道，自己投资的钱是被拿去养猪了，并且连具体养的是哪一头猪也一清二楚；用户甚至还可以通过 APP 上的"现场直播"观

察到自己所"认养"的那一头猪每天的吃喝拉撒睡。

在众多的互联网金融已与实业毫无交集，沦为纯粹"钱生钱"的游戏的今天，"互联网养猪"的模式让人耳目一新。12月8日，我前往牧芽公司所在地徐州采访了牧芽创始人李昂、CTO魏贤瑞及牧芽的部分客户，一天的采访下来，大致理清了牧芽的运作模式和它的愿景。

每个人都可以成为一个"猪倌"

牧芽自己并不养猪，它只是一个互联网金融平台。这个平台，将资金需求方（合作牧场）与资金供给方（用户／投资者）聚合起来。养猪的具体工作，是由合作牧场来完成的。

目前，牧芽平台上可供投资认养的产品主要有三种：养殖35天的保育猪，就是从小猪断奶到15KG左右出栏作为育肥仔猪销售；养殖60天的后备二元母猪，从15KG的仔猪养到50KG的二元母猪，出栏后作为繁育种猪销售的；养殖135天的怀孕母猪，从妊娠到产仔断奶。投资时长比较灵活，可长期可短期。

在牧芽APP中每周三都会推出不同生长阶段的猪供大家认养。保育猪每周1000头左右；怀孕母猪每周100头左右；后备二元母猪每周700头左右。

根据交易数量，用户在牧芽平台上投资养猪，主要有以下三种方式。

1. 众筹养猪

一个人发起众筹，邀请三五好友，共同认养一头生态猪，养成后，由合作牧场（目前是徐州天种牧业）屠宰、分割、包装，将产品通过冷链物流配送至认养人手中。

众筹认养的投资门槛是最低的，但用户参与的却并不多。为什么？据牧芽创始人李昂介绍，这是他们在产品设计上出现了失误。

其他的众筹平台，都是让每个投资者只认购自己的那一部分，其余部分谁来买，由平台负责；而牧芽在设计产品的时候，想得"天真"了一些，他们希望用户能"绑架"自己的亲友入伙，"你想认养一头猪，但自己消化不了这么多，也不想一下子就出这么多钱，你就自己去找朋友参与"，但后来在实际操作中发现，大家找搭档的能力并不是那么强，"很多人想认养，但邀请不到人跟他一起干，或者邀请的人不够。"

李昂说，他们已经打算修改"众筹认养"的操作方式了。以后，就把一头猪放平台上，作为用户，你只需要认购自己的那 1/5 或 1/4 就行了，剩下的，平台继续向其他用户售卖。

2. 我的肉摊

消费者也可以自己认养一头生态猪，养成后在 APP 上一键开店，分享到朋友圈或 QQ 好友等进行预售，牧场会根据订单在出栏后统一发货。一头生态育肥猪的价格是 2700 元，所以，门槛并不高。

跟前面提到的众筹认养一样，我的肉摊最大的好处是，让普通家庭也能享受到生态猪肉。现在市场上的黑猪肉、野猪肉都在 50~60 元一斤，普通的家庭根本消费不起。而如果是通过牧芽平台投资养猪，用户不仅可以通过视频查看猪仔的喂养和成长情况，确保最终配送到用户手中的猪肉是专属、放心、优质的，并且，因为吃的是"自己养的猪"，价格也要低得多。

3. 私人牧场

消费者还可以认养多头猪，无需买地、建猪舍、请工人、找销售渠道，就可以轻轻松松地拥有一个自己的私人牧场，养成后，按照市场行情给消费者收益，折算 8%~15% 的年化收益。

与前面两种都带有预售或团购性质不同的是，第三种完全是投资。

在牧芽的种子用户中，就有人出 10000 多块钱建了个"私人牧场"。我到访当天，来自上海的客户王先生（某国际品牌服装代理商）说，他已经投资 100 多万认养了 1500 头猪；来自杭州的做服装生意的吴先生也投资 50 多万认养了几百头。这些大客户建的都是私人牧场。

一下子养这么多猪，出栏后怎么卖？除了上面"我的肉摊"中提到的用户自己在牧芽上开店销售外，用户还可以委托合作牧场（江苏天种牧业股份有限公司）进行销售。

投资了这么多钱，如果需要提前变现怎么办？当然，不能"退货"，不能从企业那里把钱抽出来。目前，牧芽正在开发一项功能，允许投资者把自己投资的那一份转让给其他投资者。

将市场行情对牧场的影响降到最低

投资者可以吃上放心的肉，可以获得投资回报，那合作牧场图个啥呢？

以往，牧场在养猪的过程中要付出饲料、疫苗、人工等各种成本，但在通过牧芽平台引进投资者之后，那些已经被认养的猪的养殖成本将由它们"真正的主人"来承担。这样，牧场便可以将自有资金抽离出来投入扩大牧场规模上来，充足的资金也将提高牧企抵抗市场行情带来的风险的能力。

为什么说资金充足就可以增强抵抗市场风险的能力呢？因为，如果没有充足的资金储备，就可能不得不在行情较差的时候低价出售以换取流动资金。

认养人通过牧芽平台"团购"和销售自己认养的猪，并且通过云监控全程把控产品品质，销售的过程中，认养人又是天然的信用背书，这种熟人经济可以让牧场直接沟通消费者，通过互联网将销售距离缩短，抛开中间的屠企、经销商、门店，可以将市场行情的影响降至最低，甚至可以忽略不计。

说到市场行情，就不得不提一下牧芽的年化收益率了。我们在前面介绍牧芽的投资回报率时都说是"年化收益率 8%~15%"，是在一个区间内浮动，而非一个固定的百分比。

牧芽与合作牧场严格按照市场规律运营，没有固定年化收益率，年化收益率随市场行情变化，出栏当日的市场行情好，牧场利润高，给认养人分的就多一些；而行情不好的情况下，牧场利润低，认养人获得的收益率也会适当下调。牧芽与合作牧场坚决不会像某些理财平台那样为了吸引资金而承诺不符合市场规律的高收益，保证每一次的投资回报均在牧企的合理可承受范围内。

从 7 月份牧芽上线到现在，天种牧业一共通过牧芽平台"预售"了 13000 多头猪。投资者每个月为牧场提供的资金有几百万。现在，天种牧业里的猪（共 40000 头），有 40%~50% 都被来自牧芽的投资者给"包了"。

监控 + 保险 + 第三方托管

牧场的问题貌似被完美地解决了，现在，一个投资者们最关心的问题来了：我的钱安全吗？

大部分互联网理财平台的投资者们面临的最大的问题就是，不知道自己的钱被别人拿去干什么了。这个痛点被牧芽完美地解决了：你的钱就是被拿去养猪了，专款专用。你投资了，小猪就是你的，哪怕老板跑路了，还有猪呢。

然而，钱拿去养猪，就会百分之百的安全吗？那天在现场，已经出 100 多万认养了 1500 头猪的"大买家"王先生不断地向李昂抛出各种疑问：我怎么知道自己的钱被借给了哪个牧场？你们到底会有多少猪放出来，会不会太随意，想放就放？你的销售渠道是什么，销售半径有多大？分割屠宰是在哪里进行？我能不能看一下合作牧场的环评证、银行流水、财务报表？

其实，为了保障投资者的资金安全，牧芽和牧场方面早就采取了一系列措施。

首先，牧芽会对合作牧场进行详尽的考察，只有在确定你是踏踏实实做实业的，才跟你合作。并且，牧芽倾向于选择规模比较大的企业，"稳定、可靠"。如前面提到的天种牧业，是一家在上海股权交易中心上市的公司，计划明年新三板挂牌。

其次，针对养殖风险可能造成的损失，天种牧业为每只小猪都购买了保险，如果客户购买的小猪因为各种原因导致在联养期间死亡，都将由保险公司进行赔付，投资人应得的收益由天种牧业照常发放（3%~5%），让每位投资人都无后顾之忧。

再次，在监控方面，为了力保资金流向的透明，牧芽出售的每只小猪都有属于自己的猪耳标号，每个猪舍都安装了监控，投资人可通过牧芽 APP 的摄像头 24 小时对自己认养的小猪进行全方位观测。另外，给猪打的耳标也在牧场当地的卫生防疫系统可以查看，确保谁认养的猪就是谁的，防止一头猪多个主人。

据来自杭州的客户吴先生说，他之前在"养羊啦"平台上就遇到一个问题，自己已经有资金存放在里面了，却没有足够的羊可供认养。好比牧场的产能只有3000只，却想让客户认养4000只，其中的1000头就是用来骗取资金的概念。但在牧芽上面，就不会出现这种"一女多嫁"的现象。

最后，最近一段时间，牧芽团队的重心都在"资金托管"上面。牧芽一直在按照P2P平台的严格要求寻求银行存管，但是由于牧芽模式与P2P模式有区别，不同于P2P平台的资金借贷，说牧芽是一个产权式认养平台更加合适，模式定义上的根本不同，导致一直找不到合适的银行合作，经过多方考察对比，最终决定与第三方平台汇付天下合作，确保资金流向更安全。汇付天下是跟支付宝一样首批获得第三方支付牌照的公司之一。目前，它已经在帮600多家P2P平台做资金托管。

从12月中旬开始，牧芽不再直接接收客户的钱了，客户打来的钱，都将由汇付天下暂时托管；待认养完成后，钱再转入牧场的账户。

利用科技改变 7 亿农民的生活方式

互联网金融有很多玩法，牧芽为何会选择养猪这么"低端"的项目呢？

李昂说，自己老家在农村，虽然不太缺钱，但老人还是辛苦劳作。他对"互联网＋农业"一直有关注，也在等时机。2014年、2015年、2016年国家推行的土地确权、"最严环保法"要求关停小型养猪场及农民的土地承包权与经营权分离，都让他看到农牧业规模化经营的发展趋势。中小牧场要扩大规模，既需要资金又需要销路，因此，李昂在与天种牧业的张总一拍即合，决定"互联网＋猪"。

2016年6月份，牧芽科技跟天种牧业签订了合同；7月20日，牧芽APP正式上线。第一期一共投放了100多头猪，并在一个星期内售完。第一批用户，既有天种牧业的员工，也有亲友，投资金额最低的是800元（一头保育猪的价格），最多的有1万多。

牧芽并没有正式的市场推广，但截至目前，单靠口碑传播，就已经成交了2000多单，投资者共认养了13000头猪，投资收益超过110万。"最值得骄傲的是，我们的转化率高达35%，也就是说，每3个注册用户中，就有1个人实际认养了。这证明我们的商业模式好，用户喜欢。这也是我们后期做融资和大范围推广的底气所在。"

现在，已经有几家风险投资机构来跟牧芽接触，但李昂对产品的功能还不太满意，所以暂时还没有接受投资。"一旦他们进来，进程就不是自己所能掌控的了。"李昂表示，待产品功能完善后，他们就启动融资，并发力市场推广。

天种牧业的产能是有限的。万一在推广后认养人太多怎么办？李昂说："2017年3月份之前，我们还会再接入3~5家牧场；我们还计划在 2017 年 8 月份布局上海、北京市场，接入 20 家左右当地农场、牧场。"

牧芽的愿景并不仅仅是做养猪，而是以这种模式来切入整个农业市场。李昂希望能达到这样一种场景：你在上海，打开 APP 看上海周边有哪些牧场，然后认养一头猪、一只鸡、一只鹅或者一棵果树。牧芽还会组织线下活动，请用户来牧芽部落垂钓、采摘，享受各种田园风情，这就是休闲观光旅游业了。

前一段时间，牧芽从外部收购了一个技术团队，目前正在研发一款智能可穿戴设备，挂在猪耳朵上，这样猪的行走步数、健康程度、体重等，即使不用看监控，也能尽收眼底。等在天种牧业实验出成果后，牧芽还将不断向新的牧场推广智能设备，然后利用所采集的数据来指导农牧业的生产。

"农民辛苦，但挣得很少。这是我们打算用互联网去改变的东西。"出身农民的李昂说，牧芽虽然是一个金融平台，但绝对不能成为一个玩资本游戏的工具，他的目标还是能帮助到更多的人。

19. 只有"狗咬狗"才能给 P2P 投资者带来"安全感"

如果要对互联网金融在 2016 年的表现做一个盘点的话，那"P2P跑路"一定是一个无法回避的问题。由于目前国内对 P2P 的监管基本上是事后监管，出了问题才会管，所以，投资者常常处于"缺乏安全感"。那么，P2P 投资者的权益该如何保护呢？

12 月 19 日，在中欧陆家嘴国际金融研究院、上海市金融消费纠纷调解中心以及东方证券资产管理有限公司联合举办的"2016 中国金融消费者保护论坛"上，记者采访了上海市法制办副主任罗培新。罗培新的主要观点如下。

深挖 P2P 经营者的"前世今生"

长期以来，包括上海在内的很多地区，在金融信息的获取和有效共享方面，做得还不够，但我们在改善。比如，现在我们正在做准金融业态的上网备案工作，它要求各个从事金融或者类金融业态的机构把所有的信息都上传到这个平台——你的股东是谁、他以前做过什么，这些东西都要备案，以此来判断你的信用。

你要做一个 P2P 公司，我们先通过信用查询看你是否爱惜名誉、是不是一个正直的人、过去有没有违法违规的信息。比如有的机构，在深圳骗过人，然后再换个"马甲"来上海继续骗，如果上海查到了新公司的股东里还有你，那你的公司就会被整顿，甚至吊销执照。

等"历史记录"都清楚了，再看到你的产品结构，有没有风险提示。如果不做风险提示，那一定是有问题的。

"狗咬狗"的同业监督机制

金融骗局都有一个共同点，就是承诺超高的回报率，而在香港，同业公会的监督则很好地处理了这个问题。

香港有一套制度很值得借鉴。在香港，是由银行同业公会来制定利率的，公会成员都是业内人士，如果某个金融机构或平台通过 P2P 来发放一些产品，回报率太高（超出银行利率太多倍）的话，同业公会（或其成员）就会发出声音说："这太不靠谱了，肯定是有骗局的！"

比如，银行业公会规定的利率是 4.7%，而你的理财产品定了 20%，那我就可以举报你。香港称之为"狗咬狗机制"。在这个监督模式下，"狗"有很强烈的举报动机，因为，你的利率太高了，我的储户 / 投资者就被你吸走了。并且举报也对自己有利，因为一旦举报成功了，你垮台了，那原本属于我的储户 / 投资者就回来了。

"狗咬狗"机制不仅监督利率，而且还监督各金融机构的资金流向等安全指标，即金融机构如果发现竞争对手将储户或投资者的钱拿来做一些高风险的或违法的投资经营活动，也会向同业公会或政府举报。

香港政府对这种"狗咬狗"的举报机制持鼓励态度。一旦被举报者经查实确存在非法集资嫌疑，举报人还会得到奖励。

在我们这里，互联网金融业的监管跟不上，往往是等出了事才管，但这就太晚了；而香港的"狗咬狗"机制，更注重事先和事中监管。同业举报弥补了政府监管部门对信息掌握的不足，该处罚的马上就处罚，因此会更有效率。

"狗咬狗"的华尔街实践

实际上，"狗咬狗"并非香港金融界所独有的现象，在华尔街，它早已是一种"潜规则"了。

试想，如果我们能把香港这种"狗咬狗"的机制引进互联网金融领域，那么那些以虚假的高回报率来迷惑投资者的骗子们还能生存下去吗？

现实中，"狗咬狗"的威慑力有多大？

其实，在内地的 P2P 领域，也曾发生过"狗咬狗"事件。

2016 年 10 月 7 日晚，P2P 平台"爱投资"被网友"照标镜"发帖暴露涉嫌自融、赤峰项目批量造假。随后，爱投资方面声称自己查明了"照标镜"的真实身份，矛头直指"百泉贷"CEO 安凯，并列举出了一系列"确凿的证据"。也就是说，爱投资认为自己是被竞争对手"给黑了"。这实际上就是"狗咬狗"。

这次，百泉贷对爱投资的质疑，枪口并不是指向其利率过高，而是主要集中在资金流向是否安全上。比如，爱投资公布的 4 家贷款企业中有 3 家的工商信息显示、2015 年度报告、联系电话等信息完全一致，并且据网友实地走访，3 家企业在同一地点办公；两家企业 2015 年度报告显示，营业收入均为零；4 家借款企业在项目上线前 20 日内增加注册资本（其中 3 家企业的注册资本由不到 50 万元直接增至1000 万元），增资日与项目上线日之间的平均间隔仅为 10 天，最短的只有 1 天；这 7 家借款企业抵押物有造假嫌疑，无法确定其是否真的做了抵押。

"照标镜"还在质问中提到，爱投资发布的 7 家企业借款项目，合计金额 2 亿元，其中一家为 2000 万元，其余 6 家为 3000 万元，远远超出了监管细则规定的借款上限（《网络借贷信息中介机构业务活动管理暂行办法》第十七条要求，同一自然人在同一网贷平台和所有网贷平台的借款余额，分别不得超过人民币 20 万元和 100 万元，同一法人或其他组织的额度分别是 100 万元和 500 万元）。

不过，百泉贷的安凯并不承认自己就是咬人的那条"狗"。安凯在公开声明中称，是自己的手机号被别人盗用，然后在爱投资上注册了"照标镜"邮箱，并编辑好造谣信息后发送给各大媒体、论坛、门户网站。

但无论质疑人的身份如何，质疑造成的影响是很明显和剧烈的。在"照标镜"的质疑贴发酵两天过后，爱投资的债权转让平台出现史上最大规模 P2P 债权转让"踩踏"事件。截至 10 月 9 日晚，平台债权转让项目已经排列了超过 700 页，也就是超过 7000 笔债权转让。

幸好，爱投资并未遭遇挤兑危机。

在随后的一周，爱投资官方针对"照标镜"的质疑逐一澄清。对这些澄清，部分投资者表示理解，只要能够保证他们的资金安全就继续依赖爱投资。到 10 月 17 日，据爱投资官网显示，平台债权转让项目已减到 178 页，共计逾 1700 笔；到 12 月 15 日，爱投资的债权转让项目减少到 650 笔。

这次"爆料"的真相究竟如何，现在还没有一个清晰的说法。从过去两个月投资者对爱投资的信任度开始恢复来看，它当时可能是被"冤枉"了。今后，再遇到"狗咬狗"的，如果查明确属恶意举报、虚假举报，应该严惩；可一旦举报内容属实，"狗"的具体身份和动机是什么，就不重要了，因为，即便是一条恶狗，只要他举报的内容是真实的，那也有利于倒逼一个良性业态的形成。

链接：华尔街金融界的"狗咬狗"

2010 年的高盛"欺诈门"，想必有不少人还记得吧？当年 4 月 16 日上午，美国证券交易委员会（SEC）对高盛集团及其副总裁托尔雷提出证券欺诈的民事诉讼，称该公司在向投资者推销一款与次级信贷有关的金融产品时隐去关键事实，误导投资者。这场指控让高盛付出了 5.5 亿美元的代价——其中，2.5 亿美元补偿受害投资者，包括德国 Deutsche 工业银行（1.5 亿美元）、苏格兰皇家银行（1 亿美元），3 亿美元算作和解费用，归 SEC 所有。

至于这次"欺诈门"的真相，有业内人士解释道：在刚刚过去的金融危机中，雷曼、贝尔斯登、美林等金融机构都"惨遭浩劫"，只有高盛和摩根大通生存了下来。可是，高盛的业务模式跟那些已经灭掉的金融机构差不多，都是以金融衍生工具来加剧金融风险，只不过在某次风险兑现的时候，高盛做对了方向，而雷曼等做错了方向。既然大家都不是好东西，如何就能够让高盛一家独善其身呢？

其他金融资本家便调动政治力量对高盛开始打击，要求分赃。高盛"欺诈门"，正好是这种"狗咬狗"的结果。

20. 钱要赚，节操也不能掉——天使投资人应该为这个时代"把好关"

"前一段时间，我有一个小房间要装修，有朋友推荐一个号称'装修进程和质量都可以在互联网上跟踪'的'新型装修公司'给我。对我这种没有时间去盯着工地看的人来说，这种方式实在太有吸引力了。然而，装修进行了一半，我才发现所谓的'在互联网上跟踪'完全就是一个丑恶的谎言——他们所谓的互联网管理，就只有一张一张的照片，最后工人可以把粪便拉在刚刚装好的马桶上，没用水冲洗，而且还没有人管。这样的'互联网管理'，还不如工头的管理！"

12月12日，在由天明集团主办的"创时代创未来——第二届中国创客领袖大会暨双12中国创客日"大会上，主持人张泽群给洪泰基因创始合伙人盛希泰讲了这样一个故事。张泽群吐槽说：目前，有一些创业者拿各种各样所谓的新概念来迷惑天使投资人，进而危害社会。"可是，天使投资人应该是一群有专业眼光的人，如果连你们也被迷惑了，那这个社会还如何发展？现在，各种乱七八糟的事情实在太多了，希望所有的天使投资人都能为这个时代把好脉。"

在笔者看来，"天使投资人被迷惑"这个说法也许过于委婉了。在更多的时候，天使投资人其实是"利令智昏"，在数据面前失去了原则。因此，天使投资人在练就一双慧眼的同时，更应该平衡"利"跟"义"的关系。用张泽群的话来说就是"天使投入在做业绩报表的时候应该想一想，我们所投的项目是不是符合道义。"

听完张泽群对天使投资人的"殷切期望"，我脑海中跳出来的第一个词是"投资文明"。以往，商业文明我们谈得比较多一些，投资文明谈得很少——前者主要是指企业家、企业应该遵守的伦理，后者则侧重于投资人、投资机构应该遵守的伦理。鉴于投资人也算是一种特殊类型的企业家，那我们可以将"投资文明"理解为"商业文明"的一个子集。

"投资文明"这个词，百度搜索不出来，那就权当是我发明的吧。在我的理解中，投资文明就是投资人要有价值观、有操守，只投符合自己价值观、能推动社会进步的项目，有所为有所不为，而不是像个三流的生意人那样"什么赚钱干什么"。

比如，三鹿奶粉是能赚钱，但在明知它添加了三聚氰胺的情况下，你还会投吗？比如，你自己非常反感直播，因为在你看来它就是"线上的夜总会"，但你又认为直播是"风口"，那你还会不会投呢？你会投资陌陌这种违背公序良俗的企业吗？如果赌博和毒品是合法的，你会投资吗？

再进一步，天使投资人的格调应该比股票市场上的普通投资者们高一些。比如，投资不光考虑回报率，还要受情感驱动，即你的项目承载了我的价值观，我认可你，但我自己缺乏这方面的专业知识，做不了，所以想出点钱跟你合作一下——你出人，我出钱。也就是说，天使投资应是有温度的参与，追求精神上的回报，而非纯粹功利的数字计算。

有一次，我在咖啡馆旁听了一个做天使投资的朋友跟一个创业者的对谈。朋友相信那个项目能赚到钱，但还是没兴趣投资。至于原因，她是这样解释的："这个项目没有实质性创新，这仅仅是一门生意，而我要投的是有创造性的项目。"她这就是在维护自己的价值观。

还有一个投资人说，凡是业态传统、违背产业升级发展趋势的企业，哪怕再赚钱，他也坚决不投。因为，这违背了他的价值追求，他在为这个时代"把关"。

近两年又出现了一种新现象：社会价值投资，即打通政府、市场和社会部门，采取跨界联合的社会创新行动，引导"善良资本"或"耐心资本"对善于发现社会问题、提供可持续解决方案的企业或组织进行投资，构建一个全新的社会生态系统。社会价值投资既不同于普通投资追求利润，也有别于慈善捐助的完全不求回报，更强调经济与社会效益并重，支持对象是有盈利能力和可持续性、用创新的商业模式或技术途径解决社会问题的企业。

在笔者的理解中，社会价值投资，用一个简单的词语来解释的话就是"好人赚钱"。言外之意也就是，长期以来，有很多赚到了巨额财富的人其实是"坏人"。比如，本文开头张泽群提到的那个"互联网装修公司"。

今后，好人赚钱，不应该仅仅局限于泛公益类的社会价值投资领域，而是应该成为社会经济各个领域里的普遍现象。

普通老百姓离企业家太远，也缺乏相关专业知识，因此，很难对企业家们产生直接影响，而天使投资人，往往能在第一时间里接触到企业家。如果这些天使投资人都能充分发挥自己的专业知识和社会责任感，就可以在第一时间里就将那些"坏人"扼杀在襁褓中，而为"好人赚钱"提供更肥沃的土壤。这便是张泽群所期待的"天使投资人为社会把脉"。

21. 为什么 2/3 的慈善资金流向了教育，而环保领域则不足 1%？

过去 20 年，中国创造的财富令人震惊，现在中国 1% 的人口控制着全国三分之一的财富（美国《波士顿环球报》）。中国的新富们如何使用自己新得到的财富？超级富豪们的银行账户产生了多少价值？他们赞成什么样的规范、优先考虑的是什么？

为探究这些问题，哈佛大学肯尼迪学院阿什中心最近公布了一项关于"中国慈善研究项目的动机"的报告，报告显示：2/3 的慈善资金都流向了教育领域，而流向环保的则不足 1%。

为何会出现如此强烈的差异？企业家在搞慈善事业时为何重教育而轻环保？为搞清楚其中缘由，笔者做了一次有上百人参与的调查，发言者包括大学的经济学教授、环保公益领域的从业人员、媒体记者、律师等各行各业的人士。大家给出的解释，大致有如下几种。

一、对企业及企业家个人来说，投资环保不如投资教育"划算"

1. 把钱投到教育领域，广告效应明显

大多数企业家做慈善，并不是纯粹的"做好事不留名"，而是掺杂了"私心"在里面；甚至，有的人就是为了出名才捐款的。而社会和公众对教育和环保的关注度有着天壤之别，因此，无论投资还是捐助，体现效果的周期、社会反响度等更是大相径庭——给教育捐款，有人歌颂宣传；给环保捐款，媒体很少跟风。

把钱投入到教育领域，别人很容易记住你，而投入到环保领域，则很难看到"收成"。有人说，企业家给教育领域捐钱，是"买广告摊位"宣传企业，你给学校盖个楼，可以叫个"逸夫楼""李达三楼""欧莱雅奖学金"，并且一传就是几十年、上百年，但你花钱整理黄河，黄河依然叫黄河，而不会改成"邵逸夫河"。

就现在的国情来说，投资环保是利在当代，而投资教育则是"功在千秋"。

2. 给教育投钱，可以换取更多资源

向环保投钱，很难给企业及企业家个人带来直接的好处，但教育则不一样。投向教育特别是高校，能换取很多资源。比如，可以培养

起一个以文凭为纽带的门第和派系。再比如，捐助教育后，能换个荣
誉博士、客座教授、校企合作等，或者将优秀学生延揽旗下啊。再比
如，企业家的子女需要更好的教育，而很多名校捐款即可入读。

正因为如此，在教育领域，名校比普通高校能获得更多的捐款。

3. 资助教育，受惠者更明确

从社会心理学的角度分析，恩惠施于特定对象显然要比施于无对
象或全民对象更有利可图。

企业家如果资助教育，资金流向了特定的人，而给环保捐款的话，
受益者是谁，全民乎？投向教育领域，他们可以期待那种"定向回
馈"，也就是人才资源的流向；而环保领域这种造福面太广的，企业家
们是不敢指望会有谁来回馈资金的。

二、钱投到教育上，不容易被浪费，社会效益也更明显

首先，教育领域的投资较少，可以短期见效，迅速聚集声望；而
环保领域投资较大、时间较长，短期内看不到效益。

其次，给环保捐款，"相关部门"的潜规则太多。因为缺少 NGO
监督资金使用情况，你根本无从知晓每一分钱究竟是怎么花出去的、
都做了哪些事、有哪些人享受到它带来的益处。而在教育领域，民
间组织很多，并且很高效，可以"绕开政府"，直接对接贫困地区或

家庭。

总而言之，把钱投向教育领域能保值增值，而投向环保事业则是"肉包子打狗"……

三、解决环保问题的根本在人，而人的素质提高要靠教育

教育是环保之根。就当下中国而言，重点要提升教育水平，人素质提高了，环保是水到渠成的事情。

整个教育起来了，社会各领域的精英都多了，企业才能用更少的钱找更好的人才，更容易扩大、发展自己……有钱有技术了，环保也更好解决。

一位做水处理的企业家说，如果工人素质不通过教育提高，环保的事根本做不好。"设备、药剂，都不给你好好按标准来操作，反而造成二次污染。还有的工厂，几千万的环保设备投入，用几次就坏了。等操作工都是高学历高素养的人才，能拿到超过白领几倍的收入了，环保就有可能执行下去了。"

教育是社会发展的原动力，因为有了文明，我们人类脱离野蛮，为了继承文明，我们必须选择教育，所以投资教育和投资环保不是一个层次的概念（请参考鲁迅为何"弃医从文"）。再者，只要人类生存，环境就一定会遭到破坏，就是看破坏的程度大小了。所以投资只是缓

解环境压力，不是从根本上解决。只要人人都有环保意识，这部分的投资其实都不需要（起先，笔者曾认为，以上几条解释纯属"想多了"，拿它解释企业家们的心理动机未免牵强。但怪异的是，持这种观点的人竟相当多，甚至仅提到"鲁迅弃医从文"的就有 5 个人）。

四、文化传统及企业家们的教育情结

中国历来就有尊师重教的传统，自古以来，修桥铺路、助学扶贫就是中国乡绅搞慈善的主要形式。那时候还没有环境污染呢。现在环境变了，但是观念没有变。

百年树木，十年树人，总觉得树人比树木重要；"再穷不能穷教育，再苦不能苦孩子"，这里头，都没环保什么事。跟国外不一样，我们理解的慈善是捐赠穷人、支持教育等，通常不包含环保。

一些企业的领袖本身接受过高等教育，相信"教育改变命运"。

老一代的企业家中，很多人内心深处都有小时候教育匮乏的阴影。他们并不具备丰富的知识储备，尤其是专业理论知识，但他们从骨子里有着对于知识的渴望、对于知识分子的敬重，在取得一定的社会地位和财富的时候，他们还是希望能不断学习新的未知事物，但是时间太忙，他们就寄希望于他人。这种观念，是时代的必然产物。

五．文化及制度性障碍

企业家向教育领域投钱，社会认可度高，但他们去投钱做环保的话，往往会侵犯到政府及部分官员的利益，阻力重重。和政府交涉起来费时费力，使企业家们的积极性受到打击。

在美国，企业基于社会责任的审计，会在环保等领域投入很多，而在中国，大家都认为环保是政府的事。

虽然草根 NGO 中有很多环保机构，但这些组织不具有公开募集公益资金权限，他们开不出捐赠发票，因此筹款比较难。

作为承接慈善资金的主要渠道——基金会、残联、红十字会等群团中，关注教育的机构占大多数（教育是属于传统公益慈善事业的重要领域，和扶贫联系在一起），而关注环保的机构少。因此，资金主要流入了这些渠道。

六．企业家自己就是环境污染的制造者

环境污染算"公地悲剧"，没有明确的责任人。

教育的主体很明晰，而环保的主体就相对复杂，本着谁污染谁治理的选择，排污企业本身就该承担环保义务，不该捐给他们。

那么，政府呢？它最重要的职责是监督，但没有给监督者捐款的道理；政府当然也牵头治理环境，但环保经费来源应该是税收和污染

企业罚款，而不是捐。

几乎中国所有的生态破坏都是企业或者企业家为了保护自身竞争力和生产力的后果（有的是直接，有的是间接）。野生动物被吃是因为企业家要贿赂或者投资一些权贵，河流被污染是因为企业家要逃避治污费用，天然森林被砍伐是因为企业家想要植造人工经济林，湿地被填平是因为企业家要给自己的工厂寻找"工业园区"，环境难民迟迟无法维护自身的尊严是企业家绑架了政府和正义。

很多企业家自己就是环境污染的罪魁祸首，他们的"金山银山"是以"绿水青山"为代价的，给环保捐款不是打自己脸吗？

本来，慈善资金该投往哪个领域是企业家们自己的事，他们有处理自己财产的自由，但就整个社会效益最大化的角度来说，我们更希望看到的是雪中送炭，而不只是锦上添花。当然，要引导企业家增加在环保等薄弱领域的投入，既需要企业家在做慈善事业的时候少一份功利心，也需要政府及全社会的共同努力——为企业家做环保事业创造更良好的制度环境、社会环境。

22. 滴滴司机：你看上去像个文化人

一

"跟你交流一个社会话题。我平时经常跟滴滴司机聊天，总有司机反映女乘客普遍比较娇情、没耐心、较为自私，不懂得体谅司机，一副掏了钱就是大爷的范儿。"我的亲密战友 GL 同学向我泄露了一个惊天的秘密。

我闻之大笑："女乘客可不仅是对司机缺乏耐心，如果她们是跟男人一起等车，车迟迟不到，而车又是男人约的话，则她们不仅会对司机不满，而且也会对男人缺乏耐心。"

是不是有很多人表示中枪了？

去年，有一天晚上在成都打滴滴，等了差不多十五分钟司机才到。我上车后，司机对我说："你肯定是个文化人。"我惊讶地问："你凭啥断定我是个文化人？"司机说："我刚堵车，这么长时间才赶到，但你没有像别的乘客那样很不耐烦地催我。"师傅告诉我，搁平时，要等这么长时间，乘客打电话催个 3~5 次是正常的。

我对司机说："我很容易理解，在接到订单后，你比我还着急赶到。你自己就在以最便捷的路线赶来。如果我还打电话催促，除了给自己一点心理安慰外，并不能解决任何问题；相反，电话催促却会加大你的心理压力，逼你闯红灯，甚至还会有安全隐患。"

跟司机聊天结束之后，我突然有点心酸。他们平时压力那么大、那么累，挣钱也不多，却连得到乘客的体谅也成了奢侈品。而某些不耐烦的乘客，他们的催催催，看似在维护自己的正当权益，实则非常不智慧。

二

春节后，"快递员跳槽去送外卖"的话题很热。或许，从薪水上，送餐员和快递员有高下之分，但他们都有一个共同点：怕被投诉；并且，送餐员被投诉的概率还会更高一些。

送餐员被投诉，大多是因为超时。被投诉一次，等于好几单都白送了。因此，为了赶时间，尽管每天运送着各类美味，但他们自己却从未按时吃过饭。中午是送餐最忙碌的时段，根本没有吃饭的时间，只能随便吃一点快餐，有时候饭还没端上来就有新的单子了。

他们还常常去钻各种小空子。不论在繁忙的十字路口还是秩序井然的小区内，都会有骑电动车的外送小哥不遵守交通规则、横冲直撞的身影，逆行、闯红灯是常有的事。偶尔还会发生交通事故——或者是他撞了人，或者是他被人撞了。

尽管送餐员常常冒着生命危险赶时间，但超时却是常有的事。比如，各大外卖平台基本都承诺在1小时之内送达，但上个月，我通过饿了吗订过4次午餐，有3次都超时了10分钟左右。

不过，我既没有投诉，也没有给他们差评。因为，他们已经尽力了，我如果投诉，除了减少他们的收入、增加他们的心理压力外，并不能解决任何实际问题。如果有很多消费者因为"太慢"而投诉送餐员，结果只能导致他们在以后送餐的时候为了赶时间更加横冲直撞，结果，不仅他们面临更大的危险，而且也会威胁到其他人的人身安全。

虽然，只要服务不到位，消费者就有投诉的权利，但是，如果稍微遇到一点小事情就投诉，这就是缺乏同理心，是矫情。

三

上次搬家的时候，提前预约的搬家公司人员没有按时赶到。爱人让我再催催，我说："他们已经在路上了，我现在再电话催，并不能让他们来得更早一些。"

我还跟爱人解释说，平时，跟那些从事最累、最脏、最差的工作的人打交道，我都格外有耐心，他们哪怕出点小差错，我也会格外宽容。除去体谅他们的不容易之外，还有一个很重要的原因是，我常常想，我爸如果进城找工作，八成也只能干这种最没技术含量、最卑微的工作。我妈，我觉得她完全有能力干很多很有技术含量的事情，但由于既没有学历，也没很牛的工作经历，她如果进城，也顶多只能去餐馆刷个碗，或给人当个保姆。

去年的有一段时间，"盛世蝼蚁"这个词很火。说得残忍一点，我们的父母，乃至我们自己，其实都是在大城市里找不到一点存在感的"盛世蝼蚁"。然而，我在城市遇到的好多对最那些做着最差最脏最累的活儿的服务人员颐指气使的年轻人，他们自己本身就是"蝼蚁"的孩子，他们的父母就是那样的"底层劳动者"。

十几年前，我还在读高中的时候，有一次一个同学的姐姐带我和她弟弟一起去吃饭，因为菜没有及时上来，那个姐姐就特别不耐烦地对服务员催了又催，口气颐指气使。作为旁观者的我特别不爽，我心里想："你付了钱，你就有权利不尊重别人吗？"本来从小就去那位同学家，跟他姐姐也挺熟悉的，但此后我对她再无好感。

前几年，情感鸡汤界开始流行一句话："男人在餐厅里对待服务员的态度，就是婚后对你的态度。"每次看到这句话，我都会想起了十几年前所经历的那一幕，因此，我忍不住再补一句："男人，也不要娶那些动辄就对服务员颐指气使的女人。"

四

去年，在一次关于零售业务的公开交流活动中，北京师范大学钟伟称："高端产品不走线上，必须是线下体验。比如一个女人的包包，本来只值 500 块，贴个 LV 的牌为什么能卖 1 万块？在线下的购物环节当中，挑选的时候众人羡慕的眼光、她对服务员挑剔、换这个包换那个包、挎的过程，以及买完包，细致的包装、拎这个包出门的过程，洗脑和接受所谓 500 元值 1 万块的过程一定是线下完成的……"

看到"对服务员的挑剔"这句话的时候，我大吃一惊，难道这也算一种"高端体验"，一种获得满足感的方式？你们是得心理有多扭曲，才能从对别人的挑剔中得到满足感啊？

商家总是过于强调"顾客就是上帝"，这是为了提高服务品质，可有很多顾客却拎不清，还真把自己当成上帝了。遗憾的是，如果不懂得尊重别人，无论消费的产品再怎么高端，你的消费行为也照样很 low。

"关于尊重，我有一个自己的衡量标准，那就是要让为你提供服务的人也因为服务你而感到开心。去饭店吃饭，上至经理下至服务员，我都会主动跟他们打招呼，服务过我的服务员，也都很享受服务我用餐的工作过程，因为我会很礼貌很平和地去跟他交流，我要让这个服务员因为服务我而感到很开心，这叫尊重。相反，有些人一进到饭店

就是一副不可一世的做派，对服务员呼呼喝喝，态度相当恶劣，这样
的人是很难收获真正的尊重的。"这是顺丰快递总裁王卫在接受媒体采
访时说过的一段话。

　　过往，我们在强调商业文明的时候，重心都在商家、在企业家身
上，其实，商业文明不仅是 to B 的，而且也是 to C 的。在要求商家怎
样做之前，我们自己先得学会做个高质量的、文明的消费者。

23. 有钱也不能任性——消费者的社会责任

老美的好规矩，在中国人面前成了摆设

"虽然大家都说美国酒店没有拖鞋，但以前我每次在国内住美资的酒店，发现都有拖鞋，于是，这次来美国之前，抱着侥幸心理没带拖鞋，结果悲剧了——这次真没有！"

6月，我随团去旧金山参加一个商务活动，考虑到大部分人都是第一次去美国，对当地的一些情况并不了解，因此，在出发前，旅行社及领队均反复提醒，出于环保的考虑，美国的酒店一般都不提供拖鞋和一次性牙刷、牙膏等洗漱工具，需要自带。大多数人都很听话地带了，可是，我们达到目的地住进酒店（洲际）的当天晚上，就有人在微信群里求助。

虽然觉得长途跋涉地带着拖鞋和牙膏等很不便，但由于他们不提供这些"必需品"是基于环保方面的考虑，我就非但没有任何抱怨，反而有一种"如此甚好"的惬意。是的，美国酒店的"服务不周到"，

尽管给作为顾客的我带来了不便，却非但没有引起我的不满，反而赢得了我几分敬意。

不过，令我有点沮丧的是，尽管绝大多数人都带了拖鞋，但活动的主办方——一家中国公司——却又为我们每人准备了一双一次性拖鞋。一次性拖鞋由领队从北京带到旧金山。看到这里，有人会疑惑不解了：既然都已经反复提醒过要自带拖鞋了，为什么主办方还会为你们额外准备一双拖鞋呢？

因为，自带拖鞋是美国酒店的规矩，更确切地说，是美国人已经司空见惯了的规矩，但对于很多缺乏规则意识的中国消费者来说，即使你明白无误地把规则传达给了他们，也照样不管用——比如，本文第一段提到的那个"心存侥幸"的伙伴。活动的主办方，这家中国公司，也实在太了解我们中国人了。因此，他们提供的"备胎"拖鞋，算是派上用场了。

从消费者的角度来说，如果酒店能提供牙刷、牙膏和拖鞋，当然是极方便的，哪怕自己多出一点钱也无所谓，因此在"顾客就是上帝"理念的指导下，国内的酒店——大到星级酒店，小到招待所——均会提供一次性拖鞋和牙刷牙膏；而且这些年，一次性牙刷的质量还越来越高，简直就跟"永久性"的一样了，但大多数房客却并不会将牙刷带走继续使用。这些牙刷被酒店扔掉，得产生多大的浪费啊？

美国的酒店当然也知道如果提供这些一次性洗漱用品能更加获得消费者欢心，能更增加"用户黏性"，但他们并没有这样做。他们不愿意以浪费资源、破坏境为代价来巴结消费者。在这个时候，"顾客就是上帝"的法则失效了。然而，美国的酒店不愿意做的事情，我们中国公司（活动的主办方）为了让自己的合作伙伴们在酒店里住得更舒坦一些，却自觉自愿地做了。

在我们中国人的享受意识和投机取巧面前，美国人的环保理念和法律法规都成了摆设。

你敢不提供"六小件"，消费者就给你差评

不过平心而论，近些年，在宾馆要不要提供拖鞋和牙刷等涉及环保的问题上，中国也开始进步了。至少，在政府的理念层面上已经开始进步了。过去的几年里，各地相继出台了一些禁用、少用宾馆一次性用品的政策：

早在 2002 年，上海首提倡议，建议宾馆少用"六小件"（即一次性牙刷、牙膏、香皂、浴液、拖鞋、梳子等洗漱用品）；

2011 年，国家旅游局新版《饭店星级的划分与评定》对取消"六小件"客用品配套作为硬性要求；

2013 年，广州规定酒店无偿提供一次性用品最高将罚 1 万元；

2014 年长沙禁止酒店免费提供"六小件"；

2015 年 8 月，杭州市出台规定：住宿、旅游、餐饮经营者不得在经营活动中免费提供一次性用品。

对这些规定，很多酒店的经营者及工作人员都是很支持的，他们也积极响应了。有的酒店尝试不在客房内提供"六小件"，有需要可以找服务总台免费领取；也有的酒店将"六小件"中"一客一换"的一次性无纺布拖鞋，换成了价格贵出三分之二的毛巾拖鞋，通过消毒处理过可再重复使用；对自带洗漱包的住店客人，不少酒店表示，将给予直接折价、抵金券、赠送免费洗衣、附送水果等奖励方式。

禁令出台以来，国内宾馆"六小件"的使用量与早些年相比的确有所减少，但总体上效果并不理想。不论是酒店业内人士还是消费者，普遍认为取消酒店"六小件"的初衷很好，但感觉实际操作起来恐怕并不容易。

是的，在长达十余年的时间里，国内许多酒店都曾尝试撤除或减少提供"六小件"，但到最后，大都在"服务缩水"的投诉声中以尴尬"收场"，继续向客人供应"六小件"。酒店的经营者们尽管自己也愿意支持环保，但却又不得不向消费者妥协。

《人民日报》曾刊文指出，禁令出台后"六小件"并未应声消失。记者调查的多家星级酒店和快捷酒店，发现无一例外都免费提供一次性洗漱用品。就连2010年3月自行取消免费提供"六小件"改为有偿提供的广州7天连锁酒店也表示，已经恢复了免费提供。

消费者的强烈反弹是主要原因。赞同者当然不在少数，但仍有不少人认为，用免费提供的洗漱用品，是长期以来住酒店形成的习惯，一时很难改变，强制不提供或有偿提供会恶化消费体验。有常年天南海北跑业务的商务人士坦言，一旦酒店停止提供一次性用品，会影响客人入住酒店的舒适度，"自带洗漱用品还能接受，但自备拖鞋实在是太麻烦了"。

"如果所有酒店不能按照条例要求统一执行，会直接影响到'取消令'的实施效果。"一家商务酒店的负责人坦言，在不少客人眼中，免费"六小件"属于酒店星级服务的一部分。在竞争激烈的市场环境中，只要有酒店未严格执行规定，继续免费供应"六小件"，那些坚持"取消令"的酒店，将给入住客人带去"服务缩水"的不良印象。

在这种劣币驱逐良币的机制下，尽管大部分酒店都愿意用户"取消令"，但结果却是几乎所有的酒店都在照常提供"六小件"。

"这届消费者不行"

有意思的是，6月8日晚上，记者所搭乘的美联航空从浦东机场出发的航班出现了延误，大部分乘客被美联航空安排到了他们的长期合作宾馆——奉贤区的南郊宾馆，这家酒店是五星级标准，却跟国内的其他酒店不一样——不提供牙刷、牙膏和拖鞋。大概，是因为他们已经考虑到了，在这个航班上的客人都是要去美国的，已经随身携带洗漱用品了吧。

同样是中国人自己开的酒店，但仅仅因为跟"国际航班"扯上了点关系，便在"不提供六小件"的问题上也"跟国际接轨"了，这可真是意味深长。

与此形成对照的是，一些国际酒店，一旦跟中国扯上了关系，就开始"跟中国接轨"了。

像希尔顿饭店和洲际酒店，尽管它们在美国境内并不向客人提供"六小件"，但在国内，他们却都是"入乡随俗"。记者电话向这两家公司在中国的多家分店咨询，客服人员均告知，他们可以提供各种一次性用品。

橘生淮南则为橘，橘生淮北则为枳。希尔顿饭店和洲际酒店这么容易向"中国国情"屈服，固然跟中国在相关问题上的执法力度不严有关，但更深层次的原因或许在于，中国的消费者"惹不起"。

美国人的规则意识比较强，如果酒店声明出于环保的考虑不提供一次性用品，则大多数客人会"服服帖帖"地自带拖鞋；但中国人总体上规则意识薄弱，对环保这些事儿，大部分消费者会认为那是企业的事，跟他自己有什么关系？因此，即便是你三令五申，他们也照样我行我素。一旦酒店的"照章办事"给他们的我行我素带来了限制，他们就会给酒店"差评"。

往大了说，酒店会不会向客人提供"六小件"是一件关乎企业的社会责任的事情。但我们并不能简单地认为是中国企业就比美国的企业缺乏社会责任感。关键在于，美国的企业在履行社会责任（在美国）的时候，容易得到消费者的配合；而中国的企业在履行社会责任的时候，哪怕是给消费者带来了轻微的不便，都很容易遭到消费者的抵制。

在中国当前的消费文化中，为数不少的消费者会认为，老子有钱，就可以任性地消费，甚至是可以铺张、可以挥霍，而不必考虑自己消耗掉的是不是人类的公共资源、破坏的是不是公共的环境。消费者是否遵守某些文明理念，全凭个人自觉，法不责众，即便是他不遵守，法律也拿他们没辙。与此相对应的是，在商业上，过于强调"顾客就是上帝"，企业的经营者常常无底线地迎合消费者，而置法律法规于不顾，甚至设法钻空子。

美国的消费文化则是：即使你自己很有钱，也不能任性地消费，还得考虑公共利益。这就是我们跟人家的差距。

就酒店要不要提供"六小件"这件事，不少学者表示，在消费者的观念尚未转变之前，强制推行的时机还不成熟。套用一句很时髦的话：这届消费者不行。

商业伦理的建设，不能全靠企业家，还得靠全社会的努力。以往，我们只一味地强调"企业家的社会责任"，却忽略了消费者的社会责任，其实跟前者同等重要。

中国的消费也在进步

6月初，《基督教科学箴言报》发表的一篇文章称：中国年轻中产以吃鱼翅为耻。

文章提到，在过去的 5 年里，前 NBA 球星姚明通过告诉中国公众餐桌上的鱼翅是如何做成的，协助减少了中国的鱼翅消费量。姚明与野生救援协会共同提高了公众对下述两个问题的认识：一是美味鱼翅包含的真相；二是这道菜肴对鲨鱼数量不断减少所产生的影响。

"有关亚洲人不在乎野生动物的说法其实是一种荒诞的说法。这方面的消费是基于无知而不是基于恶意。"（在野生救援协会 2006 年开始开展保护鲨鱼鳍的运动时，75% 的中国人不知道餐桌上的鱼翅实际上与鲨鱼有关，因为中文将它翻译成"鱼翅汤"）早在 2013 年，野生救援协会执行主任彼得·奈茨曾对媒体说："有人说要改变中国是不可能的，但我们现在得到的证据表明，近两年来中国的鱼翅消费量减少了 50%~70%。"

鱼翅消费的下降趋势一直持续到 2016 年。82% 的受访者说他们停止食用鱼翅是姚明的公益广告带来的直接结果。姚明在受访中说："现在年轻的中产阶级几乎以吃鱼翅为耻。"

鱼翅消费的减少，应该只是中国消费者日渐成熟、消费更加文明的一个缩影。当前，80 后、90 后的消费者正在崛起，并正在成为中国消费的中坚力量，而与前几代消费者相比，这一代消费者拥有更高的文化素质，他们还是互联网的原住民，在很多理念上已经与国际接轨，他们有望成为开始履行社会责任的一代消费者。

$24.$ 社会风气，都是被那些不读书的人搞坏的

跟几个同学一起扯淡，不知怎么就扯到了中小学及幼儿园的学生家长请老师吃饭和给老师送礼的问题上了。众所周知，在学生的毕业之际，家长请老师吃饭是比较纯净的"答谢师恩"，平时，大部分家长给老师送礼、请老师吃饭，都是为了"搞好关系"，而非出于什么感恩心。因此，本文仅讨论"搞好关系"意义上的请老师吃饭和送礼物。

我是 1984 年出生的，上初中是在 1996~1999 年，那会儿，就已经有了学生家长请老师吃饭的现象。上初二的下学期，我妈也要请老师来家里吃顿饭，我当然是第一个坚决反对："据我的观察，那些请老师吃饭的家长，大都是因为自家孩子学习不好，他们希望老师能给予自家的孩子格外关照。而我一直都是年级第一名，又不需要老师"开小灶"，为什么要请老师吃饭？再说，老师教学生是国家发工资的，学生（家长）有什么义务请老师吃饭？"

经过我妈的解释，我才知道，因为我的一位老师是我们家亲戚，他向我妈传达了一些其他老师起哄希望来我们家吃顿饭的愿望，我妈在当时的农村，也算是个"知识分子"，有尊师重教的传统，因此，欣然接受。尽管我们家不需要"贿赂"老师，身正不怕影子斜，但对那

次"请客吃饭"，我还是感到格外别扭。直到中考结束，毕业之后再请老师吃饭的时候，我才格外愉快，因为再也不会有"不纯洁"的嫌疑了。

在过去的十几年里（上大学后以及大学毕业后的这几年），我这个当年曾经非常抵触跟老师"搞好关系"的学生，每次放假回家都必定会去几个中小学老师家里蹭饭；而那些在学生时代都对请老师吃饭这种事充满了热情的学生及他们的家长，又有几个会成为老师家常客的？

现在的情况怎样我不清楚，至少我们那时，家长给老师送礼、请老师吃饭，一定就是因为孩子学习不好，希望能"开小灶"的。可笑的是，有的家长啊，你自家孩子的学习态度就不端正，你给老师送礼有个毛用？还有的家长，自己从来不读书，整天只知打麻将，出门打麻将之前还叮嘱孩子"好好做作业"，自己不给孩子做榜样，却指望老师能把孩子扶起来。

喜欢思考、喜欢提问题的学生，总是讨老师喜欢的。只要你的孩子能经常拿着一些问题去"麻烦"老师，肯定进步很快，老师也不会拒绝自己学生的上进心（在高中时，我曾亲自见证过几个同学通过这样的方式实现了飞跃）。我不相信，如果你不请老师吃饭、不给老师送礼，老师就会拒绝回答你孩子提出的问题了？

明明不需要送礼就能解决的问题，他们非得送礼、非得等对方收了礼之后才放心。我断定，他们请老师吃饭的钱一定都是浪费了。

当然，我上一段"不需要送礼就能解决问题"的论断，显然是跟现实有差距的——很多家长遇到的问题，确实是不送礼就不能解决问题。那么，我错了吗？我当然没错。我的意思是："在原始状态下，不送礼就能解决问题"。起初，在没有一个人送礼的时候，老师当然也对送礼这种事情没概念；但突然有一天，一个傻X家长跳出来送礼、请吃饭；继而，第二个、第三个、第四个傻X也站出来送礼，最后，只剩下你一个不傻X的家长了，这时候，你究竟是送还是不送？

在你一个不傻X的人跟一群傻X博弈的时候，存在一种严重的信息不对称。因为，你根本不知道傻X的总数量有多少。假如班上有50个学生，对应50个家长（尽管同一家内父母双方也有意见不一致的时候，但为方便起见，一家按一人算），倘若认为"跟老师搞好关系很重要"的傻X只有5个，送礼的也只有5个，那么，你不送礼是没关系的，因为，你是1/45，法不责众，老师并不会因为你不送礼而对你的孩子怎么样；倘若特别看重跟老师"搞好关系"的傻X有45个，他们都给老师送礼了，那么，"不愿做傻X的你"，是送还是不送？

在傻X的数量为0个或5个的时候，老师的思想还是纯净的，他们会认为"不送礼正常，送礼是情分"；但当傻X的数量增加到45个或48个的时候，作为送礼对象的老师已经被污染了，不仅思想被污染，而且智力也下降了，此时他会认为"送礼是本分，不送礼是不敬"——或许个别有定力的老师不会有如此龌龊的思维，但家长这样来揣测老师显然是最安全的策略（可能，在老师那里是"谁给我送过礼我忘记了，就这一个没送礼的我记住了"）。

　　是的，当你不知道傻 X 的数量有多少的时候，你就陷入了一个"囚徒困境"。这时候，作为家长的你，保护好自己孩子的最好方式就是把自己伪装成一个傻 X。可能，事实上某一个班的家长，在内心里全部都相信"用不着送礼"，他们都不是傻 X，但因为道听途说过 N 多傻 X 给老师送礼的故事，也从新闻上看到，他们也拿不准"别人家的家长"究竟是不是傻 X，于是，这种这种囚徒博弈的机制下，每个原本不傻 X 的家长都做了"只有傻 X 才做的事"。

　　也就是说，大部分疑似傻 X 的家长都是受害者，是受那个"率先送礼"的人的牵连。

　　那么，第一个给老师送礼的最可能是哪些家长呢？ T 同学分析说：最先有送礼念头的，肯定是公务员或者"做生意的"。对此，我举双手赞成。这两类人，要么在体制内，要么跟体制打交道最多，思维高度体制化，他们最容易深信"关系最重要"——我当然认为大多数公务员都是无权无势的良民，但受环境的影响，耳濡目染，好人的思维也会变得很低端，这毫不奇怪。

　　还有一类人，即上面两类人的亲戚朋友，他们被前者传播了太多的负能量，智商被拉低，因此也会把给老师送礼这种事看得格外重要。

　　现在，我们来看看，这些家长给孩子送礼会有什么后果。

　　"从小就靠踏踏实实读书取得成绩的，以后走上社会，遇到事情首先想到的是，如何凭真本事、通过正当途径解决，只有当凭借正当途径解决不了的时候，才会退而求其次'找关系'；而那些从小既不认真读书，又亲眼目睹了家长给老师送礼、请老师吃饭的孩子，将来进入社会后，遇到事情的第一反应就是'搞关系'，在他们的脑海中，基本上没有对'凭本事'这个概念的正确理解——搞关系就是他们最看重的本事！社会风气就是被这群人给搞坏的！"

T同学这段义愤填膺的话，真是让我折服。因为他确实准确地洞察了社会现实。君不见"差生更容易当老板"这种庸见已经流传很久了吗？确实，在"关系密集型"行业和岗位（需要钻营、溜须拍马、厚脸皮死缠烂打、忍辱负重、抗挫折能力等）上所谓的"差学生"更容易"成功"，但在知识密集型、技术密集型行业和岗位上，"差学生"几乎就没有立足之地，脸皮再厚也没用（备注1：在本文的语境中，"差生"更特指"学习态度不端正""不认真读书"的人，而非"学习成绩不好的人"；2：限于篇幅关系，这里的引用只能断章取义了，全文请百度《既然差生那么有前途，你咋不鼓励你儿子当差生呢》）。

与"好学生"相比，不认真读书的人，的确更擅长"搞关系"，更擅长低端的"人情世故"，他们还把自己的这种特长叫作"情商"。真的，社会风气就是被这帮人给搞坏的。

我不仅见证过"差生当老板"的例子，而且我这个"好学生"还曾经"亲自"给"差生"打过工。我的前老板，一个富二代，毕业于某个小国的一个野鸡大学，他为人还不错，但有时跟他交流就会发现，他的思想境界跟我这个"好学生"还是有很大差距的。有一次，我丢掉了一个大客户，明明真实原因就是客户所说的"你们的产品质量不稳定，交货也不及时"，但老板的第一反应却是"关系没搞好"。我这样价值观单纯的人确实无法理解大人的世界。

他把丢掉客户的原因归咎于"关系没搞好"，可就是太 naive 了。那是一家英国公司，他们比较务实，不像中国人那么喜欢搞无聊的"关系"。再说，让我这么自命清高的人放下身段去跟客户"搞关系"，去跟他们喝酒，那怎么可能？

认真读书的人当然也会走后门、搞关系，但正如 T 同学分析，搞关系并不是他们遇到事情后的"第一反应"。他们的第一反应是凭真本事，只有"此路不通"的时候才会退而求其次。本来，有很多事情，他们是可以通过正当途径解决的，但是因为社会风气已经被那些不认真读书的人及其父母给率先搞坏了，这帮原本老实本分的人便也不得不转而通过不正当途径来解决。因为，你不学坏，你就吃亏。而且，那些通过走歪门邪道取得"成功"的人，还特别喜欢嘲笑走康庄大道的人。

可见，那些认真读书的人的"搞关系"，往往都是"劣币驱逐良币"的结果。

七年前，当我还在制造业里做销售的时候，一个同学问我："你们做销售工作，对学历有要求吗？"我说："很多传统行业的销售，学历太高的反而不太合适。"同学惊问："为啥？"我一本正当地反问："如果让你们中山大学的一个哲学博士去带客户嫖娼，他会愿意吗？"

我当然没有幼稚到认为"做销售就必须带客户嫖娼"这样的程度了，我就没带客户嫖过（不但没带客户嫖过，也没有自己一个人嫖过），甚至，我都没有给客户发过一支烟；但不得不承认，在一些技术含量不高的行业里，这种低端的公关方式已经成为一种"必需品"了（此风已经在向高科技行业蔓延）。

中山大学的哲学博士当然也可能偷偷摸摸地嫖娼，但带客户一起嫖娼的可能性，就几乎为零了；相反，学历低、从小不读书的人，在这方面的底线就比较低，他们不仅不会把用这样的方式"应酬客户"当作负担，反而会当成一种"福利"，好像不是他们"带着"客户嫖娼，而是"跟着"客户嫖娼，明明是他们花钱请客户，但他们的感觉反而是自己"沾了客户的光"（这里说"沾光"，有两层含义：1.因公嫖娼，可以报销；2."为了这个家"，好向老婆解释）。

因为自知对产品和行业都不懂，我从做销售的第一天起，就决心谦虚诚恳地向所有人学习。第二天，一个40多岁的老同事去拜访客户，我主动说："老高，可否带上我？"看到我这么好学，领导也高兴，就打招呼让那个老高带上我。在见到客户之后，老高做的第一件事情是把客户的工程经理从车间拉到吸烟室，抽烟没几分钟，老高同志就说了一句惊世骇俗的话："顾经理，我请你洗脚？"更令我"感到诧异"的是，那个顾经理当场就火了："你给我解决问题！"（我们销售的产品是帮助客户降低生产成本、提高效率的）

后来，我就再也没有跟老高同志出去"学习"过。

没过一个月，由于其他原因，老高被开除了。后来，我经常跟领导和同事谈起老高那句"我请你洗脚"，当笑话讲。我们经理还说："作为销售员，你不给客户解决实际问题，甭说请他洗脚，你请他洗屁股也没用！但老高这个人呢，年龄大了，又只有高中学历，人也笨，讲产品、讲技术这些东西他说不清，就只能请人洗脚了。"

关于我对"我请你洗脚"这种现象的不适应，或许会有很多过来人说这是"书生气太浓"。如果你也经常被人贴上这样的标签，那么请务必远离那些傻X！

一个刚迈出校门踏入"社会"或即将踏进"社会"的人，如果你不是那种很快就能"适应社会"的人，那你一定会被你的学长、老板、客户或某些亲戚说成"书生气太浓"。诚然，他们是以嘲笑的口吻、居高临下的姿态来使用"书生气"一词的，但这个时候，你千万别觉得丢人；相反，如果你在工作多年之后还能被人误认为"刚从学校出来"，你应该以此感到自豪——正如陈平原所说，在我们这个社会里，那些世故的人说你幼稚，这是对你良心的最大褒奖。

挺住，"书生气"永远不能丢，它可是保护你、使你免于堕落的最后一道防线啊。你"不融入大环境"，这当然是事实，但这并不等于你就没有这个能力，而是这个环境实在太肮脏，不值得你去"融入"。书生气是我们用来与外在环境中的龌龊力量对抗的一种有力的武器。

PS：我没有把所有不读书的人都一棍子打死的意思，也无意于说所有认真读书的人都有高尚情操，我最好的朋友中，有很多学渣、中专生，我所瞧不起的人中，也有不少名校出身的，但我本文说的是一种普遍规律。普遍规律，并不因几个例外而改变。

第 四 章

富老板也要"讲基本法"——规则与趋势

25. "信党信政府"的企业家，很少会"出事"

"在当下的企业家群体中，你们'92派'是一个很特殊的群体。比如，尽管每年都有不少富豪落马，但'92派'企业家却很少有'出事'的——'92派'做的企业，有好多都与地产、资源有关，按说跟官场有牵连的机会更多，但就我所了解到的情况，除兰世立之外，'92派'中好像没有过'出事'的，郭广昌虽然'失踪'过，但最后也安全出来了。为什么'92派'企业家'出事'得这么少，是因为你们大都从体制内出来，更擅长处理跟官员的关系吗？除此之外还有其他原因吗？"

上周，在亚布力中国企业家论坛2016年夏季高峰会上，我向万通投资控股股份董事长冯仑提出了这个问题。冯仑还没来得及回答，台下已经笑成一片了——大概是因为，听众都把这个问题简单地翻译成了"冯仑，你为啥没'出事'"了吧？我提这个问题，绝对没有刁难或诅咒冯仑的意思，我只是为了解开一个疑团。

规则意识强，对钱的追求比较克制

"只有一个原因——'胆小'，对钱的追求比较克制。"在开过玩笑之后，冯仑纠正了一下我的问题：你可能觉得落马的企业家挺多，可你要知道，中国有一千万以上注册民营经营单位，考虑到这个庞大的数量，民营企业家出事的比例其实非常低。至于"92派"这个说法，是媒体贴的标签，这部分人有这样几个特点：

第一，曾经在党政机关做事；

第二，受过相对比较完整的教育，该上大学上大学，该上研究生上研究生；

第三，创业开始都是在北京、上海、武汉等大城市，而不是从乡村开始，身上没有"草根气息"；

这些特征，导致他们在创业过程中，对政策、法规更敏感，相应地，对自我行为的约束也更加严格。

举个例子：我原来在中央党校工作时有一个习惯，所有人来讲课，我都是拿着小本做笔记——来中央党校上课的都是大官，无论他讲什么，你都得坐着听完，否则就是态度有问题。结果有一次我到香港开会，他们都讲英文，我的英文很差，听不大懂，但我还是一直坐在那，自己拿着本子记，听不懂就瞎琢磨，结果一抬头别人都走了，就剩我一个了。这就是在机关里待久了养成的自我约束能力。

自律性强的企业家，在经营过程中会比较谨慎。我跟武汉当代集团董事长艾路明在没做生意的时候就认识多年来，我们交流时都会在合规范围内讨论，而从来不会讨论如何"给钱搞定这个人"。我们过去的经历、教育及对政策的理解使然也。

"92"派企业家很少出事还有一个更重要的原因：相信党、相信政府。有一些草根创业者目无法纪，不相信政府，觉得政府说的话是"开玩笑"，以为自己那样乱来，没有人能把他怎么样，结果政府是"玩真的"，说抓就真抓了。事实上，党的领导、政府的管理是非常有效的，到最后，党和政府一定会按照规则处理。我们在党政机关工作，大家对党和政府的领导深信不疑，所以我们听党的话，按照政策办事，结果就很安全了。

只要你没乱来，政府不会整你

以上是冯仑的解释。冯仑口中的"信党信政府"，其本质是强调企业家要有法制观念、规则意识。无独有偶，另一位"92派"企业家的代表人物郭广昌也曾强调过"信党信政府"的理念。

2014 年 7 月，郭广昌在《中国企业家》杂志刊发了一篇署名文章《人是需要相信一点什么的》，文中的精华段落如下：

"企业家该怎么样抵挡诱惑、克服贪婪与恐惧？讲到底你心里一定要有自己的价值观，一定要相信什么。"

"我们相信什么？一路走过来，我们相信30年的改革开放政策会是稳定和长期的。你要相信你这个企业只要自己没有犯错误，没有乱来，政府不会整你。很多人不信这一点，我们是信的。很多人跟我说，企业做得再好，政府要整你，要你死是很容易的。我当时就问他一句话：我做得好好的，政府为什么要让我死？这跟党的价值观不一致，跟改革开放的价值观不一致啊。所以从大的方向上我一是相信中国的未来经济看好，二是相信党的改革开放政策。"

"我相信党和政府不是说我跟某个人有特殊的关系，而是相信党整体的方向，经过了"文革"，经过了这么长时间，我们终于找到了能带中国走上富裕的这条道路，这个方向没有人能够改变，虽然在这个过程中会有杂音、会有噪音，但是整体的方向是不会变的。"

"我相信我们社会会形成良性的机制，我们坚信自己企业的价值观和社会的价值观是一致的。我们的每一个商业决定，都是创造价值，而不是毁灭价值。"

2015年12月，在郭广昌"失踪"期间，有媒体把这篇文章发掘出来，试图从中找到点蛛丝马迹，没想到的是，这位"信党信政府"的企业家很快就出来了。

郭广昌还强调，企业的游戏规则就是在法律允许的范围内为股东、为员工、为相关利益者争取最大的利益。"但有些企业很多时候会偏离这个游戏规则。"

谈到企业的游戏规则，就不得不说，跟20世纪70年代末、80年代初那批从乡村起家的"草莽英雄"相比,"92 派"的创业历程恰好跟中国启动和发展市场经济同步,因此他们在很多方面一开始就是按市场规则办事。比如,"92 派"创办的企业,从一开始就是产权清晰的民营企业,他们不用偷偷摸摸地搞 MBO,从而造成国有资产流失。

这批比较遵守游戏规则的企业家大都自己身上干净,没有多少原罪,因此,别人即使想"整"他们,也很难抓到把柄。

一个有影响的老板,可以搞死一个处长

然而,也有不少企业家对规则和法制持轻蔑态度。

2014 年,原中国最大民营航空公司——东星航空总裁兰世立在出狱后接受媒体采访时表示,在落后地方,老板再大,一个处长都能把你搞死。今后,会离一些官员远一点。但财经观察人士、原江苏省镇江市国资委副主任谭浩俊却认为,"兰世立的感叹只说对了一半"。

谭浩俊说,之所以会出现"一个处长搞死一个老板"的问题,除政府过于强势、行政权力个人化现象比较突出之外,与企业家过于依赖政府、依附官员也有密切关系——身为受害者的企业家自己往往也难辞其咎。

必须承认,在企业与政府关系问题上,已基本演变成企业家与官员个人的关系,而不是政府与企业的关系。因此,许多企业在经营过

程中，首先考虑的就不是如何按照市场规则办事，而是如何按照政府官员的意志办事。从制订企业发展战略、投资决策到具体经营方式，都首先听命于官员。因为，在这样的听命中可以获得不按照规矩办事的各种利益和收益。即便违反国家法律，也会在政府及其官员的庇护下逃避处理。

谭浩俊以兰世立及其他的东星集团为例，说当地法院能够以逃避追缴欠税罪将其送进监狱，还不是因为他仗着跟官员的"关系好"，目无法纪，以至于留下了把柄？况且，在东星没有出事前，兰世立是容不下不同意见以及有正义感的官员的。如果哪个官员敢对东星及兰世立说个"不"字，可能就将面临被调离或免职的危险。因为，那时的兰世立凭借着强悍的经济地位，可以在政府官员面前耍这个威风的。

现实生活中，这样的企业家其实也不少见。因此，不仅是"一个处长可以搞死一个老板"，一个有社会地位和影响的老板，同样可以搞死一个处长。

当年，王石说自己"不行贿"，固然赢得了不少赞赏声，但外界更多的回应是质疑和嘲笑。这说明什么？很多企业家不仅自己法制观念淡薄，缺乏规则意识，而且他们还对别人讲规则的行为嗤之以鼻。不过，这种不讲规矩的企业家得小心了，以免哪一天不小心就被规矩给"搞掉了"。

吴仁宝与禹作敏：截然相反的人生归宿

在即将结束本文时，我又想起两个人：吴仁宝和禹作敏。

中国社会进入改革开放以后，先后有两个村庄的名字响遍祖国大地甚至超越国界：一个是江苏省江阴市的华西村，另一个是天津市静海县的大邱庄。前者一直被誉为"天下第一村"，后者在鼎盛时曾被称为"天下第一庄"，而他们的"村长"吴仁宝与"庄主"禹作敏也成为家喻户晓的人物——这俩人虽然都不是严格意义上的企业家，但他们却都做了很多企业家做的事，他们身上也有浓郁的企业家精神。

其实细说起来，两个人身上的共同点实在是太多了：他们都曾经带领村民在发家致富的道路上做出了巨大的贡献，并为新时期农村建设树立了典范；他们都有超越国界的高知名度，吴仁宝曾于 2005 年作为封面人物登上美国《时代周刊》，禹作敏当年也不含糊，美国的《纽约日报》专门刊登报道介绍大邱庄的富有；甚至他们都以中国农民的诙谐与狡黠取得"农民语言大师"之称——吴仁宝说："我听了老百姓的话，老百姓肯定会听我的话"，禹作敏说："抬头向前看，低头向钱看，只有向钱看，才能向前看"。

但两人的人生归宿却截然相反，吴仁宝在荣誉的光环、社会的赞誉中以 85 岁高龄风光离世，禹作敏却在身陷囹圄 6 年后以 69 岁的年龄死于牢中。

两个人最大的区别是什么？换句话说，为什么人生轨迹和事业成就原本无大差别的两个人，其人生归宿呈现出如何强烈的反差？

从媒体介绍的情况看，吴仁宝在与政府的互动中极其用心，分寸也拿捏得极好，用他的话说："我只是个村官，我们上面的领导最多，谁都能管。每个领导的要求不一样，明着顶领导不高兴，只有暗顶，如果领导说的不符合华西实际，就回答谢谢关心，领导一高兴就不会盯住不放了。"

禹作敏呢？1992 年 12 月 13 日，大邱庄一家公司的一个职员危福和因涉嫌贪污，被严刑逼供，殴打致死。12 月 15 日晚，天津市公安局派员去调查，被村民拘禁 13 个小时。天津市市长聂璧初大怒，亲令放人。其后的调查则更为危险，凶手已逃走，大邱庄里有 15 支枪、2000 发子弹，还有一个猎枪厂。于是调来武警，远远逼视，一时全国瞩目。当一个村庄的"庄主"把自己管理下的村庄变成"土围子"且以卵击石时，焉能不落一个粉身碎骨的可悲下场？遵纪守法这个连小学生都应该打满分的问题，禹作敏竟然交了张白卷！

对比发现，导致禹作敏与吴仁宝人生归宿相反的关键原因——甚至是唯一原因，就在于他们对法制、对规则是遵守还是蔑视。

26. 为什么一到了网上，大品牌就"玩不转"了？

2016 年的电商"双 11"，有一个与往年不同的看点，也许还是一个核心亮点：引入网红直播，刺激年轻用户进行"互动式消费"。不过，说起网红真是几家欢乐几家忧——很多小品牌因为预算少，请不起大牌明星做广告，只得利用成本更低的网红或直播，想不到竟意外逆袭；而很多财大气粗的大品牌，却仍然在请明星代言，他们不仅不善于利用网红直播，而且还不善于利用自媒体，不小心错过了这个时代的红利。

"小品牌博出位，大品牌要固守"

当然，网红直播与明星的区别并不仅仅在于究竟谁更便宜。明星一般比较"高冷"，不与粉丝互动；而网红与直播平台上的主播却特别接地气，特别善用与粉丝打成一片的她们，不仅乐意接受"被撩"，而且还主动"撩"粉丝。

上海高级金融学院市场营销学教授陈歆磊在发在《哈佛商业评论》

上的一篇文章中写道："网络红人作为'精神领袖'以社交为突破口，将互联网品牌营销与消费者兴趣痛点融合，打破传统商业与社交的界限，使消费者在社交互动时潜移默化接受品牌植入，消费者的参与感和情感共鸣，也让更多潜在消费者更直观地了解产品。这比普通的商业广告转化率高多了。"

以这种方式来营销，效果能不好吗？

然而，在高素质的人群中，网红和直播一直"口碑不怎么好"，这让很多品牌明知利用网红和直播可以增加销量，却不敢轻易使用。"大品牌还在观望，不会滥用网红。小品牌博出位，大品牌要固守。"移动互联网产业研究者聂帅称：品牌大小的区别就是对美誉度有考虑。

也就是说，对大企业来说，利用网红直播做营销的机会成本太高，因此，他们会格外谨慎。

"管他什么品牌的呢，只要有个性好玩就行"

"女性尤其是85后、95后，再也不靠百货公司专柜或者明星代言来获取美妆建议，而是观看美妆达人（网红）的视频，尝试美妆网红们推荐的化妆品牌。"这是美国著名网红 Nicole LaPorte 的一个论断。

出生于1987年的 Nicole LaPorte 在 YouTube 有800万粉丝，视频观看量超过10亿。但她之所以敢断定网红们未来会取代明星，却并不是凭借自己身上的这些光环，而是基于这样一个判断：移动互联网时代，品牌开始变得无足轻重了。

过去的一年多里，"保洁溃败"是一个被多次热烈讨论的话题。诸多业内人士在分析时都提到一点：像宝洁这种大品牌，是大工业时代的产物，随着移动互联网、大数据、电子商务的发展，品牌的重要性正在淡化。网络时代，人们的个性化需求被充分唤醒，消费者开始以自我为中心。比如，很多消费者喜欢在衣服上印个图案、印几个字，然而，对大品牌来说，这种定制化生产是"划不来"的，通常也只有小品牌才愿意以这样的低姿态来满足消费者的需求。

这导致产品本身的功能会越来越重要，人们对品牌的意识反而逐渐淡化。品牌是不是受消费者欢迎跟它是不是"大"没有必然关系。阿里巴巴的数据显示，过去三年，中小品牌商品交易额占比提升了10%。中小品牌以更个性化而贴切消费者需求的姿态获得市场的青睐。

作为网络时代的原住民，很多"90后""95后"对品牌并没有什么深刻的印象，即便有，也很容易移情别恋。甚至，很多人的心态是"管他什么牌的呢，只要有个性好玩就行。"

与明星代言的大品牌相比，网红代言的小众品牌反而更能满足这些年轻消费者的口味。确切地说，对后者来说，"网红本身即品牌"。

"大品牌很难创造新鲜感"

大品牌不仅在网红经济中玩不过小品牌，而且，在社交媒体上也输了一筹。国内的大企业中，除了杜蕾斯、万达跟海尔之外，我们很少听到有哪个企业的新媒体做得好的。就连一些专业的新媒体研究人士在谈企业新媒体时，除了海尔和万达，就再也举不出别的例子了。

事实上，大企业玩不转新媒体，不仅是中国独有的现象，很多世界 500 强企业都无法避免这样的命运。如今年 3 月份，前哈佛商学院教授道格拉斯·霍特发在《哈佛商业评论》上的一篇文章列举了下面这几个例子：

麦当劳是全球在社交媒体中投资最多的企业之一，而其 YouTube 频道的订阅者只有 20.4 万（排名 9414）。

红牛每年的营销费用高达 20 亿美元，其中大部分都投入到了内容营销中，但它的 YouTube 频道只有 490 万订阅用户（排名 184）。

2011 年，可口可乐公司大张旗鼓地推出了新的营销策略——从"卓越创意"转向"卓越内容"（社交媒体上的内容营销）。然而，它的 YouTube 频道只有 67.6 万订阅者（排名 2749）。

在社交媒体的流量争夺上，很多草根自媒体都出尽了风头，而实力雄厚的大品牌却"流量配不上身价"。这是怎么回事？

陈歆磊教授解释说："对社交媒体来说，最重要的就是新鲜感并且保持新鲜感。没有惊喜，没有新鲜感，就没有所谓的粉丝。观察所有的个人社交媒体，包括现在流行的网红都会发现，他们之所以吸引眼球，就是因为他们不受任何限制，对消费者来说总是有意外，因而总有新鲜感。而大品牌受制于产品和自身品牌定位的限制，很难自由发挥，更谈不上有新鲜感。比如 BMW 的官网 / 官微，消费者不用看就认定你说什么都是为了卖 BMW。从这一点来说，大品牌不如自媒体再合理不过。"

"董事长讲话"没人看

上一段说到大品牌在创造新鲜感的能力上不如小企业，有一个重要的原因是，一般来说，大品牌对应的往往就是大公司，而小品牌对应的是小公司。小企业能够百无禁忌地创新，而大企业，条条框框太多，新媒体运营人员没有太多的发挥空间。

比如，去年 9 月份的中美互联网大会期间，一个原先不怎么知名的自媒体号发了篇《马云、张朝阳、刘强东，能不能把西装穿好？》，全网流量超过 1000 万，但像这种调性的文章，大品牌的自媒体肯定是不敢发的。

此外，很多大企业虽然也开通了新媒体平台，但他们改变的只是自己发声的渠道和载体，在发布的内容上依然是自说自话的吹捧，甚至连"董事长讲话"都往自家的微信公众号上发。你发个这，有谁会看呢？

很重要的一点是，大品牌在过去长期跟传统媒体合作，因而形成了路径依赖，现在即便是在新媒体上做推广或建了自媒体，但思维仍停留在纸媒时代。很多中层管理人员也不懂新媒体，最年轻的小职员或许懂，但因为公司层级太多，他们的意见根本无法上达到最高层。

相比之下，很多小企业在原先的纸媒时代因为版面费太贵，根本就打不起广告，因而也就没有跟纸媒打交道的经验，没有在此过程中形成一套僵化的思维，所以他们能够以最契合年轻人口味的方式进行新媒体尝试，最终得以脱颖而出。

因为不懂新媒体，所以常常被公关公司给玩了

大企业跟媒体的合作往往不是亲自联络，而是通过公关公司对接。然而，大企业的人不懂新媒体，经常导致他们在跟新媒体合作的时候上当受骗。

我自己运营着一个微信公众号，经常发现一些公关公司来问报价的时候问"头条多少钱""第二条多少钱""第三条多少钱"，竟然以为第三条应该比第二条便宜！微信公众号的第二条和第三条的关系与纸媒上第二版和第三版的关系完全不同。纸媒上，通常来说越往后面看的人越少，所以第三版比第二版便宜；但在微信公众号上，读者一眼就扫见了那几个标题，因此，除头条之外，其他几条并不存在谁的"位置更差"的问题。所以，凡是问"第三条多少钱"的公关人，我就断定他"肯定不懂新媒体"。

但后来通过几次接触，我发现并不是这么回事。他们其实是心知肚明的，将第二条和第三条区别报价，只是为了"给客户一个交代"

而已。比如，一个自媒体给公关公司的广告费报价是第二条 3 万、第三条 2.5 万，背后的真实意思其实是：既然第三条报 2.5 万，那第二条最低 2.5 万也可以做；可是，你不是认为第二条"位置更好"吗？那好，第二条我就多收你一些。此中奥秘，那些做公关的都懂，但他们就不是愿意跟客户解释。所以，客户花了更多的冤枉钱，但宣传的效果却没有更好。

还有，像 2016 年 9 月份自媒体营销号刷流量被集中曝光的事情，有个只有几百个粉丝的小号阅读量刷到八九万，拿着巨额的广告费。实际上，刷流量的案件，在很多情况下，自媒体都是跟公关公司达成了合谋。公关公司明明知道那个号的数据是刷出来的，投放之后钱都打水漂了，但还是愿意跟他们合作，原因很简单：数据好，价格低，好向客户交代。

甚至是，刷流量这个事情，大企业的公关部的负责人，心理也是清楚的，但他为了能够顺利地在自己的领导那里交差，就默许了自媒体运营者和公关公司刷流量的行为。这么一来，他自己也成为一个合谋者。所以，当刷流量的事情曝光后，有从业人员说："无非是各取所需的事，何苦要相互拆穿呢？"

说到这里，肯定会有人问：难道小公司就不存在这样的现象吗？或许有，但肯定比大公司少得多。原因有以下几点：

首先，小公司一般都是自己直接跟自媒体去对接，因此，被公关公司坑的可能性几乎不存在。

其次，小公司一般没有公关部、市场部，老板自己就是公关部，而老板自己肯定会特别在意投入产出比，算得很精，不会让那些投入被浪费了。

最后，特别重要的是，小公司即便也是通过一些普通员工去跟自媒体谈合作，效果也要比大公司强很多。因为在小公司，普通员工跟老板之间的"距离短"，这就导致小公司里"家的文化"更强，普通员工做事情更容易考虑老板的利益，因此，花老板的钱就像花自己的钱一样注重效率，而不像很多大公司的员工那样容易有一种"反正花的不是我的钱"的心态。

当然，我们在前面也说了，大品牌在自媒体上的表现也并非一无是处。像海尔的自媒体，不仅可以做好自己的品牌传播，而且一年还可以有十几个亿的盈利（此数据由清博大数据副总裁蔡幼林提供）。

据分析，海尔几次效果不错的新媒体内容，几乎是一样的手法——"不再"，强调海尔和以前的旧规矩说再见，这种和过去做撕裂的行为本身就充满了话题性和故事性。海尔社交媒体主编赵家鹏曾将海尔在微信上的优秀内容标准定为"讲故事"。一边敢做其他人不敢做的事，说别人不敢说的话让自己更容易出位，另一边学会讲故事，让自己做的事、说的话更好地传播出去。

只是不知，对其他大品牌来说，海尔在自媒体上的经验可否复制呢？

27. 为什么"马应龙痔疮膏"可以有，而"李书福汽车""马云集团"不可以有？

将新出炉的"中国500最具价值品牌"跟全球范围内最具价值品牌榜单做个对比，会发现一个有意思的规律：欧美的很多著名品牌都直接以创始人及其家族的姓氏命名，看上去像是个"家族品牌"，即便是品牌后来易主了，原有价值的印迹依然保留（Gucci）；而在中国，能让人叫得出名字的"家族品牌"则寥寥无几。

在欧美，以创始人姓氏命名的企业多到数不完：飞机（波音）；汽车（福特、奔驰、保时捷、凯迪拉克、兰博基尼、克莱斯勒、劳斯莱斯、奥迪、法拉利、宾利、丰田等）；工程机械（三菱、小松）；3C（Dell、松下、索尼、飞利浦）；电信（西门子、爱立信）；金融（摩根、雷曼）；石油（洛克菲勒）；化工（杜邦）；日化（高露洁、雅诗兰黛、联合利华、屈臣氏）；娱乐文化（迪士尼）；体育用品（阿迪达斯）；奢侈品（LV、Gucci）；餐饮（麦当劳、星巴克、米其林）；制药（拜耳、强生）；零售（沃尔玛）；剃须刀（吉列）。

此外，宝洁、惠普的创始人有两个，品牌名P&G及H&P也分别由两位创始人的姓氏首字母组成；DHL的名字则取自其三位创始人的姓氏首字母。

总的看来，带有创始人家族姓氏的"家族品牌"几乎涵盖了欧美日所有行业内的顶尖企业。以家族的姓氏命名，会给别人一种"这个品牌历史很悠久"的感觉，甚至还有一层"以列祖列宗的名誉担保"的意味，这就增加了消费者的信赖感。

而在中国，名称中带有创始人印迹的品牌，除了李宁、王老吉和张小泉外，我们似乎很难想到别的了。"老干妈"和"泥人张"尽管也高度人格化，但仍未直接用创始人的名字或姓氏来命名。

是不是中国的企业家没有以个人姓名来给企业或品牌命名的习惯呢？非也。其实，打造老板的个人IP，是中国古代的"家庭作坊"就已经有了的意识。比如，下面这些百年老店的品牌中都植入了创始人个人的姓名或"绰号"等符号。

品牌	成立时间	创始人	品牌	成立时间	创始人
北京鹤年堂医药	1405	丁鹤年	果仁张食品	1830	张惠山
马应龙药业	1582	马景标	胡玉美	1838	胡兆祥
陈李济药店	1600	陈体全李升佐	湖州震远同食品	1840	沈震远
杭州朱养心药业	1630	朱养心	万有全食品	1850	万有全
长沙玉和调味品	1649	董玉和	胡庆余堂国药号	1874	胡雪岩
王麻子剪刀 / 刀具	1651	王麻子	湖州丁莲芳食品	1882	丁莲芳
佛山冯了性药业	1659	冯了性	吴裕泰茶业	1887	吴锡卿
杭州张小泉刀具	1663	张小泉	李锦记蚝油庄	1888	李锦棠

品牌	成立时间	创始人	品牌	成立时间	创始人
王致和调味品	1669	王致和	张一元茶庄	1908	张文卿
王老吉凉茶	1828	王阿吉	吴良材眼镜	1919	吴良材
谢馥春香粉铺	1830	谢馥春			

所以，以后不要再说中国没有百年老店了，其实百年老店的数量并不少，只不过大都没有走出一个小区域、没做出影响力而已。

如今，佛山冯了性药业是盈天医药集团旗下品牌，而陈李济药店和王老吉凉茶都是广药集团旗下品牌。我由此可以做出以下两个推断：1. 或许有不少家族品牌在不断转手的过程中被边缘化，直至消失；2. 在20世纪50年代的"公私合营"浪潮中，不少家族品牌甚至是百年老店被消灭掉了，即便是在当时没有被立刻消灭，也在国有化之后"泯然众人矣"。

在新中国成后成立的名字中带有创始人基因的品牌还有郑明明美容美发、王守义十三香调味品、克明面业、李宁服装、山木培训、李阳疯狂英语、羽西化妆品、丁家宜化妆品、叶茂中广告策划、毛戈平形象艺术设计学校等。但这些品牌中，除李宁、山木和李阳外，其他几家的影响力基本只限于本行业。

综合看来，哪怕同样是带有创始人个人符合的品牌，中国品牌跟欧美日品牌也有很多不同。

有姓无名 & 指名道姓

　　欧美日的"家族品牌"，名称基本上都取自创始人的"姓"，而不是"名字"，不明真相的群众只能通过品牌名称判断出创始人姓啥，而不知道他具体叫啥名字。比如福特，看到这个品牌名字，我们会知道这是一个福特家族的人搞出来的，至于这个叫亨利、Mike 还是 Tom，不清楚。

　　而中国的"家族品牌"，大多数都有名有姓，比如张小泉，让人一看就知道这个剪刀的创始人是张小泉，而不是张小泉的兄弟、父亲或儿子；王麻子也是如此。还有的品牌，创始人的姓氏可以不要，但名字一定要有，王和调味品就这样。

　　出现这种差异，有两个原因：

　　首先，西方的姓氏是多音节，并且其家族的姓氏非常多且分散，用这些姓氏做企业名，"姓名感"不强，在日常交流中基本不会造成障碍，虽然也会有重复，但尚在能忍受范围内。

　　但中国以汉族为主，而汉族人的姓氏大多为一个字，如果品牌中只有姓而不要名，那就成了单音节词，读起来语感不好，影响传播。比如，张小泉剪刀和王麻子剪刀换成"张剪刀"和"王剪刀"，你读起来试试？充其量会叫"张记""张氏"或"王记"或"王氏"。但中国的人口规模太大，同一个姓氏的人实在太多，百家姓里的人尤其如此，单纯用"张记""张氏"作为品牌名称区分度不高。因此，这样用的并不多（除非是不太常见的姓氏）。

其次，欧美文化鼓励个人主义，但也只有在个人主义的文化中才能产生自觉自愿的"集体主义"，让家族成员乐意为这一份共同的荣耀贡献力量。品牌以家族姓氏命名，可以让其他成员"沾光"，使他们也有动力参与到这份事业的发展中来。

中国自先秦时期就有宗法制度，强调家族荣誉，但实际上，"集体主义"文化下的人最容易变得自私，因为他们对集体的"爱"常常是被迫的。家族成员表面上很团结，实则一盘散沙，每个人都在打自己的小算盘。在这种文化下，个体的"光宗耀祖"心理一方面是希望干一件了不起的事情，让家族能以我为荣，另一方面则时时刻刻不忘"功劳是我的"，不能让自己的功劳被记到其他家族成员的头上。

只有以个人名字来给品牌命名，才能满足创始人这种"吃独食"的心结。但在古代中国，你搞个家庭作坊，核心团队成员基本上都是同一个家族的兄弟叔侄，你以自己的名字命名，让兄弟叔侄们怎么办？他们有很大的概率对你的事业缺乏归属感，因此不会太用心，品牌就难做大。

行业无所不包 & 仅限于生活用品

还有一个区别是，欧美的"家族品牌"涵盖了从飞机、汽车、摩托车到麦当劳、星巴克在内的各行各业，而中国的以创始人姓名命名的品牌，基本上局限于化妆品、调味品等生活用品领域和山木培训、李阳疯狂英语这样的培训领域——可惜，李阳和宋山木个人生活方面的丑闻也导致品牌走向衰败。

说得再直白一点，最明显的是，欧美日的家族品牌涵盖了大半个"重工业"领域，而中国的家族品牌在重工业方面则完全是空白的。

在全球范围内，重工业始于18世纪60年代的第一次工业革命，而中国的重工业则始自19世纪60年代的洋务运动，整整落后欧洲一百年。欧洲的工业革命和资产阶级革命基本上是同步的，也就是说，欧洲的重工业公司自创立起，基本上都是"私有制"的，这样品牌命名的自主权掌握在企业创始人手里；而中国洋务派办的所有重工业企业，产权都属于国有（清政府），创始人当然没有胆量也没有权力以自己的姓名来给品牌命名——重工业领域被国有资本垄断的现象，从清末一直延续到民国、再延续到新中国的前四十年。

清末至民国，民营企业中基本没有以个人姓名作为品牌命名的，即便是荣氏家族和张謇的轻工业产业也不例外。大概是因为这些诞生于资本主义时代的现代企业当家人试图将自己的企业跟传统的家庭作坊区别开来吧。

1949年之后的三十年，国内几乎是清一色的国有企业、集体企业，私有产权的企业要么被没收，要么被"合营"，因此，决然不可能出现带有个人家族色彩的品牌。所以，我们看到的是，中国只有"上汽""北汽""广汽""一汽"之类的说法，没有像"张氏""赵记"这样的车企。

改革开放之后，民营企业首先是在轻工业领域破冰的，这才有了王守义十三香（1984 年）、克明面业（1984 年）及李宁体育用品（1999 年）等个人色彩的品牌。

如今，中国也有比亚迪、吉利、众泰这样的民营汽车企业，如果把这些公司的名字改成"王传福汽车""李书福汽车""吴建中汽车"，会不会更好呢？

抛开这样的品牌名字好听不好听，我们先得考虑到这个情况：在欧美日主要车企所诞生的那个年代（大约在一百年前），产业链并没有现在这么复杂，竞争也不激烈，一个工程师拉几个人在一起就能创办企业，因此，以这个工程师的姓氏给企业命名也相对容易；但在比亚迪和吉利的年代里，市场环境已经特别复杂了，仅靠一个人的力量很难成立一个汽车品牌。

前面说的只是欧美"家族品牌"和中国"家族品牌"之间的差异，但还有个共同的趋势就是：在今后，无论是中国还是欧美，以创始人个人姓名或家族姓氏来命名的品牌都会越来越少。

阿里巴巴为什么不叫"马云集团"，亚马逊为什么不叫"贝佐斯"，谷歌为什么不叫"B&G"（布林和佩奇的拼音首字母）？

互联网提供的不是创始人发明创造出来的某个产品，而只是一个平台，对平台来说，最重要的并不是植入创始人的印迹，而是建立跟消费者之间的情感联系；并且，互联网时代及之后的消费者越来越自我了，消费者看一个品牌，重点在于你"酷不酷"或"你跟我有什么关系"。只有品牌的名称所传递的意象与消费大众的潜意识形成一种共鸣，这种共鸣必须通过产品和服务的品质对品牌的意象进行反复验证，才能激发消费者内心的能量，品牌也才可能长寿。

alibaba 是世界上最大的宝藏，amazon 是世界上最长的河流，google（本来是 googol，后来注册域名时犯了拼写错误）的原意则是"10 的 100 次方"。这些名字，都代表在互联网上可以获得海量的资源，是不是很能吸引用户？相反，马云、贝佐斯和 B&G 这种简单的名字则不能给用户这种感觉。

随着商号和品牌越来越多，用家族姓氏和个人姓名做品牌命名日渐缺乏传播优势。因为，这样的名字可能容易记住，但缺乏美联度（引发美好联想）和传神度（与行业精神和产品服务特性关联匹配）。想想看，facebook 的美联度和传神度是不是比扎克伯格的名字强？

命名影响到的不仅仅是消费者，还有员工。试想，在 facebook 刚创办的时候，扎克伯格还只是个没有什么名气的屌丝，如果他发在招聘网站上的公司名称不是 facebook 而是扎克伯格，很容易给人一种"个体户"的感觉，新员工愿意加入的可能性是不是就变低了？

当然，在短期内，用人名做品牌的现象不会消失，这两年正热火朝天的网红就是一个典型的例子。从历史规律看，最终能活下来的，可能只有个别功力深厚的知识网红；大部分没什么底蕴的，都是短暂地红过一阵子之后就销声匿迹了。只有前者才能成为真正的个人品牌，而后者充其量只算是一个"商标"而已。

最后，再总结一下本文的几个要点：（1）中国有很多以创始人姓名命名的家族企业，但都集中在油盐酱醋茶等领域，在汽车、飞机这种高大上的领域里则没有；（2）即便是在油盐酱醋茶领域里的家族品牌也很难做大，一个很重要的原因是，以个人姓名而非家族姓氏命名，不容易最大程度地调动家族成员的积极性；（3）在移动互联网时代及今后，无论在中国还是全球范围内，以创始人姓名来命名的品牌都会越来越少。

28. "好死不如赖活着"——不想做自主品牌的中国制造业

2017年初，做过两个月跨境电商产业研究，每次采访的时候，我最关注的就是"做跨境电商对传统制造业打造自主品牌有什么帮助"。可以说，第一句到最后一句，我几乎所有的发问都是围绕着这个主题展开的。但十几场采访下来，我明显感觉到自己还是"操心太多了"。

长期以来，出口渠道一直被一些贸易公司和国际品牌商把持着，大多数中小型制造企业都无法直接接触到海外市场，因此做品牌根本无从谈起。跨境电商的出现使得国内的中小型制造商也有条件直接接触到海外的终端用户，直接获取客户的需求信息，并且海外消费者也可以直接表达自己对中国品牌、产品、服务的评价。正是这些因素，让跨境电商被当成传统制造业转型做自主品牌的一次"契机"。

但其实并不是这么回事。比较积极兴奋地谈跨境电商的价值的，往往是政府（园区）官员、电商公司、学者、媒体，而真正在一线"闷声"搞生产的制造商，却大多兴意阑珊，他们甚至还有一种"事不关己"的感觉。

深入调查后你会发现，大多数中小型制造商的心态是：眼下能赚多少钱才是真正重要的，对品牌其实没必要那么着急。

做品牌"费脑子"、风险大

做跨境电商、经营品牌跟做生产制造需要的是两种完全不同的思维和能力，这种转变，传统制造企业的经营者一时半会儿还适应不了。

宁波加乐多电子商务公司 CEO 余雪辉运营着一个叫"慈溪家电生活馆"的跨境电商项目，即帮助慈溪数十家家电厂商在跨境电商平台上卖货，可以是以厂商自己的品牌，也可以是以"慈溪家电生活馆"的统一品牌 Homeleader。因为自己以前也做过 OME，余雪辉能深刻地体会到做跨境电商跟做 OEM 的差异——

"以前做 OEM 的时候，客户订单要下什么，我们就做什么，不需要自己去研究市场，至于产品的使用者究竟是谁、为什么是这个价，我们并不清楚，也不用管；而现在，在跨境电商平台上做 B2C，卖的是现货，没有人给你下订单，也没有人告诉你什么好卖，你需要自己去洞察市场需求、提前备货；并且，货发到海外仓之后，能不能卖掉还不好说，所以库存风险比以前高了。"

"做跨境电商，跟传统的外贸人员所需要的是不同的素质和能力。OEM 工厂里外贸部的跟单员，更多地是扮演一个传声筒的角色，只要听话、有执行力就行了，只要把客户的要求都做到位，就是合格的跟单员了；而跨境电商则对销售人员的能力提出了更高的要求，没有人告诉你具体要求，你必须自己去思考、自己去判断、去规划。"

余雪辉在跟多家工厂的合作中发现，大多数普通工厂还是更喜欢做 OEM，因为简单省事儿；做品牌需要的市场分析"太费脑子了"，并且，万一对市场的判断错了，卖不出去就麻烦了，他们也不愿意承担这个风险。

碎片化订单的机会成本太高

在 OEM 条件下，大客户下给工厂的订单金额通常都是几万、几十万，甚至上百万、千万。一张订单，够工厂做几个月甚至一两年。在这一两年时间里，他们不用换生产线、不用换模具，甚至不用对工人进行技能培训。并且，由于长时间做同一件事，工人熟能生巧，产品的质量也有保障。

而在跨境电商（B2C）条件下，终端消费者直接下的订单往往是碎片化的，订单金额只有几千、几百，甚至是几十元。如果是标准品有库存还好，如果没有库存，得重新生产。这样的订单工厂会愿意接吗？他们肯为了一个几百块钱的订单去换生产线、开模具吗？为了做这样的订单，他们得损失多少在 OEM 订单上的收入呢？

我可以负责任地告诉你：即便是老板愿为了长远利益而牺牲眼下利益，"下面的人"也多半不愿意。

慈溪家电生活馆刚启动的时候，余雪辉是从公司传统外贸部门里面找个人来兼做跨境电商，那个工作人员还蛮勤奋的，但余雪辉发现，跨境电商推动得还是很慢。外贸员对老板做的解释是：今天英国的大客户来了，陪着他们看工厂；明天是印度的客户来了，等等。"他还是觉得 OEM 那边的订单大，并且要求明确，做起来简单，因此对做跨境电商并没有太高的积极性。"余雪辉事后的反思一针见血。

其实，销售部门的人还好了，通常只要稍微解释一下，他们还是能够"看清形势"，愿意做一些有利于推广自主品牌的事情。真正难搞的是生产制造部门的人。

去年，慈溪家电生活馆在接到一笔取暖器的跨境电商订单后，交给余雪辉父亲的工厂佳星电器生产，本来要求 8 月份交货，但工厂一直拖到 10 月份才发货。因为工厂之前做外贸（OEM）有最小起订量的要求，而跨境电商的"碎片化"订单往往很难满足条件。

制造业的权力格局与老板的无奈

几年前，笔者在宁波的一家制造型工厂做销售，公司既做国际市场也做国内市场，国际市场是通过给品牌上做 OEM 来实现的。由于 OEM 的利润太低，所以老板希望能把重心放在国内市场上，打自主品牌，这样利润高一些。

在国内市场上，同样产品的售价是卖给 OEM 客户的 3 倍以上，但即便如此，生产部门的人仍然非常不情愿做内销的订单。

因为，老板考核生产部门不看"产值"，看"产量"；而内销的订单大多是小批量、多批次的，做起来时间成本高，很难做大"产量"。外销部业务员下的大订单，生产部门的人很乐意配合；而我们内销部的人则要成天去围绕着生产部门的人求爷爷告奶奶、溜须拍马，只希望他们能把我们的小订单"当回事儿"。

在已经开始品牌化运作的大型企业里，市场部、销售部是权力部门，整个公司围绕着他们转；但在做惯了OEM的中小型工厂里，生产制造部门才是实权部门，有时候甚至连老板也奈何他们不得。

一位跨境电商公司的老总说，过去两年，他参加了很多电商峰会，但参会代表多是电商企业代表，即使是在"互联网+传统企业转型升级"这样的大会中，也鲜见制造商的身影；电商企业积极伸出"合作"的橄榄枝，制造企业却鲜有响应。他问：制造商哪里去了？

对很多做惯了OEM的制造商来说，如果做了自有品牌，就意味着要公开跟现有的OEM客户去竞争。这样，就会被客户视为敌人。出于得罪客户的顾忌，大多数羽翼未丰的传统制造商还不敢去做自主品牌。他们根本不敢公开谈自主品牌和跨境电商，哪还敢出现在行业峰会上啊？

给中国人OEM取代给外国人OEM

中小型制造商的跨境电商之路，大部分得通过跟代运营等电商公司的合作来实现。贸易公司掌握着制造商所不具备的数据优势，并且还有能力对这些数据进行分析，凭着长期积累的电商经验，他们更有能力搞定国际市场。因此，跟电商公司合作就成了中小型制造商打开国际市场的捷径。

但电商公司也不是为他人做嫁衣裳的。有的电商公司跟工厂的合作，一开始就采取了"买断赚差价"模式，即工厂给电商公司做OEM。对工厂来说，这跟以前给国际品牌做OEM并无本质区别。

还有的电商公司，比如代运营，比较"厚道"，他们是以制造商的品牌卖的，自己只赚个"辛苦费"。这种模式确实能够帮助制造商做出品牌，但大多都无法长久。

义乌盈科电子商务公司创始人邝玉华说："对代运营来说，帮工厂卖货，自己辛辛苦苦的，但大部分钱都让工厂给赚走了，不划算。如果我掌握了终端数据，并且自己也有能力研发产品，那我为什么还要给工厂分利润呢？我干脆自己承担风险，然后自己享受高利润的回报好了。"

正如邝玉华所说，所有做代运营的人都有一个小心思——一旦发现某个产品好卖、并且利润也高，就想从工厂采购，做自营赚差价。嘉兴英卡顿（速卖通代运营）的CEO祝万青甚至向记者坦言：做代运营并不是最终目标，我们的最终目标是做个自营的跨境电商平台inCarton.com，以自己的品牌卖货。现在做代运营只是为了积累数据，比如摸索哪些品类好卖、哪些供货商靠谱、哪些营销方式更有效等。

因此，这些依赖代运营做跨境电商的公司，如果不培养"单飞"的能力，迟早会沦为代运营的 OEM 工厂。那时候，可就不是他帮你"代运营"了，而是你在帮人家"代生产"。即便是某些制造商通过跨境电商做出了品牌，这个品牌也跟你自己没什么直接关系，因为品牌的所有权往往属于电商公司。

因此，对大多数中小型传统制造商来说，跨境电商并不能改变它们的命运。如果说有变化的话，那也无非是从原来的给外国公司做 OEM 变成给电商公司做 OEM 罢了。

这些"大道理"工厂的负责人能不懂吗？他们自己心里比外人更清楚。但正如祝万青所说："现在，百分之四五十的制造商都还在生存线上挣扎，他们在算的是一分一厘的东西，今天做这个东西能不能提高产品、能不能把这个生产线养下去。生存问题还没有解决，他哪会顾得上转型呢？"大部分的制造商终究没办法摆脱这种命运。

采访中，一位制造型企业负责人的一句话特别触动人："我活得好好的，干嘛要转型呢？一转型，可能就死了；不转型，强大不了，但至少还能继续活着。"怎么听上去有一股"好死不如赖活着"的味道？

29. 去东南亚投资建厂？小心被员工的"效率"给气炸！

"向东南亚转移"，随着中国劳动力成本的逐年攀升，这已经成了一些劳动密集型企业的不二选择。然而，去东南亚（新加坡除外）投资建厂，真的就比中国更划算吗？

凤凰财经刊发了一组题为《其实那些去东南亚建厂的企业都已经后悔死了》的图表，从基础设施、厂房价格、金融体系、治安状况等多个角度说明，中国企业（及在华外资企业）去东南亚建厂，"其实并没有想象的那么美好"。不过，在这一组分析中，有一个重要的问题被忽略了——与中国的"快发展"相比，东南亚国家工人的低效率，常常让人既抓狂又没辙。

今天发工资，明天就不上班了

"懒惰""散漫"是在泰国、菲律宾、越南工作和生活过的国人对当地人习性的共同评价。

比如，在泰国，你找当地人办事，他们的口头禅都是 later、later 和 wait、wait，很少有当即解决好了的。总体上，时间观念都很差。泰国人的懒惰也是出名的。导致离开地铁 100 米远的公寓的价格比离开地铁 250 米远的公寓的价格要贵 20%，就是因为要多走 150 米（注意，是民用，而不是商用。"好地段"的附加值并不会高到哪里去）。

而菲律宾人的生活状态就是"饿不死就行了"，今天工作只要赚够了明天的伙食，他明天可能就不会去上班了。如果一天吃不到三顿的话，吃两顿他也就满足了。一些中国企业家在菲律宾开的工厂，都不敢雇佣本地人，因为他们也许今天在厂里上班，明天招呼都不打一声就走了，后天又来了，然后指不定哪一天又走了。

中国竞争比较激烈，所以大多数人都拼命地工作，甚至为工作而牺牲了家庭、牺牲了生活，但东南亚人基本不会这么做。东南亚男人不会像中国那样玩命地挣钱，他们似乎更喜欢过"今朝有酒今朝醉"的生活。

据说越南人的幸福指数在世界上都是排前几位的。对他们来说，只要兜里有个中午饭钱，就一定会先好好吃上一顿，根本不会考虑晚饭该怎么解决。

越南人基本都是挣够了今天的钱就不去工作了，男的去喝啤酒喝咖啡，女的回家做家务。很多工人甚至还有发工资第二天不上班的习惯，因此一些在当地的中国企业不得不在发工资的前一天把生产任务安排得紧张一点，这样第二天发完工资就可以给一部分员工放假。

尤其需要强调的是，越南中下层的男人懒得出奇，挣钱养家和家务事几乎都推给女人。如果你有机会在早晨走过胡志明的那些街巷，会发现有许多男人一大早就穿着拖鞋坐在街边的小凳子上，面前放着一张小桌，桌上摆着一杯咖啡，他就那样愣愣地看着大街上的车来车往，手还不停地抠着脚丫子。有时候会发现多位男士坐成两排，以同样的抠脚喝咖啡姿势看着大街。

据一些在越南的中国企业家反映，越南的人工效率相比国内大概是 1：1.5 的水平，也就是说，在国内 1 个工人完成的工作在越南需要 1.5 个工人去做。

低效率背后的文化根源

越南人效率不那么高的原因，或许能从教育和文化上找到解释——由于以前是法国的殖民地，越南受到法国影响非常大，人们对于赚钱这件事情并不十分热衷，大部分人的心态是"做够了我就不做了"。即使是生活非常艰苦的人，每天也要坐下来在街边的咖啡摊来一杯咖啡，享受一下生活。

说到"享受生活"，就不得提一下东南亚国家普遍是"一日五餐"，确切地说，是每天有两次正餐、三次茶点：三次茶点，第一次是在早上上班前，第二次是下午两点左右，第三次是在晚上。第二次茶点一般在下午两点，半个小时，这就挤占了工作时间；第三次茶点，又挤占了工人晚上加班的时间——在劳动密集型企业，加班加点是常态。

近些年，东南亚国家的上流社会开始"与国际接轨"，实行三餐制了，而普通大众则依然实行"一日五餐"（茶点制）。

印尼的情况更加特殊。印尼是一个穆斯林国家，当地人很多是穆斯林，每天都会进行 5 次祷告，每次需要半小时。此外，当地人也不愿意加班，这都让中国企业很头疼。很多中国人投资的企业因此放弃雇用当地人，然而这又是违反当地法律的，一旦被发现，将会遭到严惩。

另一种解释：不是人懒，要怪天气

对当地人的工作效率低还有一种解释：东南亚地区处于热带，普遍高温，极端的天气让人感到眩晕、疲劳和恶心，注意力无法集中。

高温的确会严重影响人的工作效率，试想一下，二十多度的气温在室外修一幢房屋与三四十度的气温在室外修一幢房屋，差别是什么，大家都是知道的，后者的工作效率可能不到前者的百分之六十。历史上几乎所有强大的帝国都是地处温带，这是有原因的，热度往往使人昏昏欲睡，使人懒散。

英国梅普尔克罗夫特咨询公司发布一份报告显示，未来 30 年，东南亚地区的劳动力将因热应力上升而减少 16%。其中，新加坡、马来西亚的生产力将在目前的基础上下降 25% 和 24%，印尼将下降 21%，柬埔寨和菲律宾下降 16%，泰国和越南减少 12%。

工人很强势，老板是弱势群体

无论工人低效率的原因是什么，反正企业主是拿这些工人没办法的。由于法律对劳工权益的保护甚至超出了常理，因此企业主即便是不愿容忍某些工人的懒散，却也不能把他们开除掉。

在越南，由于目前外资劳动密集型企业分布集中且都有大量用工需求，因此工人并不怕失业。很多工人在一家企业掌握了熟练技术后，就跳槽到薪资更高、工作环境更好、福利水准更高的企业去。

东南亚很多国家在法律上承认工会的独立性，允许工人通过罢工方式同资方议价。在越南，因《劳动法》规定外资企业每年要以30%的幅度涨工资，结果，每年都固定会有一两次以涨薪为主题的罢工，这让企业们无比棘手。

怠工乃至罢工频发常常使企业生产秩序受到干扰。在越南、柬埔寨、印尼等国，工会势力比较强大，为此，不少外资企业往往选择息事宁人或最终妥协以将损失降到最低。

随着东南亚一些国家改革和政治自由化的推动，那些没效率的工人还会继续"得寸进尺"，对于工资上涨的要求会越来越高。如何应对这些问题，不知道打算去东南亚投资的企业家门准备好了没？

去东南亚投资，不能光算直接的人力成本，还要综合这些国家的基础设施、工业体系、劳动力效率，才能算出"性价比"。

30. 对"匠人精神"的过度发挥，加速了日本制造业的衰败

在过去的两年里，"匠人精神"是一个很火的词。官员、学者及媒体频繁提及这个词，与"供给侧结构性改革"有关。似乎大家一致认为，中国制造业要向高端转型，就必须依靠"匠人精神"。不过，日本制造业的衰败则带给我们一个教训——对"匠人精神"的发挥也要适可而止。

二十年前，在全球的家电市场上，日本品牌几乎独领风骚，日本制造的"匠人精神"也常常为国内的企业研究者津津乐道；但最近两三年，那些老牌的日本货似乎很难再高调起来了。危机中的夏普还在裁员与卖楼自救，连年亏损的松下想盈利还很难，索尼已在持续低迷中渐行渐远，佳能的危机四伏似乎也没有根本缓解，日立、东芝也在以往曾经强势的消费电子产品领域一路溃败，夕日明星 NEC 已彻底退出智能手机领域……

日本制造业为何会遭遇如今阶段性的"麻烦"？

曾在日立工作 16 年、现任京都大学和日本东北大学教师的汤之上隆，在其《失去的制造业：日本制造业的败北》一书中，回顾了日本 IT 制造业几十年的荣辱史，总结了日本制造业的四大教训，其中有两条剑指"匠人精神"：过度依赖匠人精神与手工艺者的技艺，而忽视了产品的标准化与通用化，严重缺乏低成本量产能力；过于苛求于性能与指标的极致，而忽视了市场实际需求水平，投入不必要的成本，致使市场出现变化的时候在研发上不能及时调整产品。

笔者之前在国内的制造业中工作过，因业务关系，对日企的匠人精神深有体会。

2009~2013 年，笔者曾在一家生产工业刷的民企里面从事销售工作，主要客户即是外资企业——推动外企生产设备的国产化，帮助其降低成本。其中，日系客户（机械制造类）最受我们的欢迎。为什么呢？因为，面对日企的时候，我们的价格优势最明显。在我们进去之前，日系客户用的工业刷几乎都是从日本买来的，质量是比我们在国内造的好一些，寿命大概是我们的 1.5 倍；然而其价格几乎就是"中国制造"的 10 倍！这样算下来，其性价比远远低于"中国制造"。日本人虽然也爱国，但在商言商，他们很快就向性价比很高的"中国制造"折腰。短短的两三年时间里，在国内的主要日系目标客户差不多都被我们的团队一一攻克了。

我多次在客户那里见到他们原来从日本买来的工业刷，产品当然比我们在国内做的精致；何止是精致，那简直就是艺术品！国内企业做的产品，在很多时候只注重功能，却不怎么在意其审美价值及由此带给用户的情感体验，但日本企业却很注重在这方面下功夫。他们那个产品，做得太漂亮，以至于客户都"舍不得用"。然而，做得漂亮是有代价的。这些精致的小产品大都是在人数很少的"小作坊"里做出来的，自动化程度不高，很难批量化生产，这便导致生产成本居高不下。

但问题是，工业刷只是一个工业设备，又不是个消费品，外观并不重要，你花那么大力气把它做那么漂亮干嘛？并非所有的产品都有必要当成艺术品来打造，匠人把精致当作一种追求，当然是好事情，但前提是客户得愿意为你的这种心结买单才行啊。

我曾经在台资的 OEM 工厂（电子类）里工作过一年，深刻体会到生产上追求完美主义会带来效率的降低以及造成多大的浪费。比如，一款液晶显示屏，仅仅换一个不同颜色的外壳，就会被视为"新产品"，然后所有的测试流程都要从头再来一遍，哪怕是与换外壳毫无瓜葛的电子元器件也得重新接受检测。每一个环节可都是成本啊。

另一方面，那段时间我先后服务过美国客户和日本客户。日本客户对产品的细节要比美国客户挑剔得多，甚至是苛刻到无聊的程度。我们做的很多样品，在美国客户那里能够轻而易举地通过，但到了日本客户那里，就会被挑出一大堆毛病。不过，羊毛出在羊身上，这笔追求极致完美所产生的成本最终都由日本客户自己承担了。

没错，发挥"匠人精神"是可以使产品更完美；然而在"边际成本上升"及"边际收益递减"规律的作用下，产品质量在提高到一定的程度后，再进一步发挥"匠人精神"使之更加完美，可能得不偿失。汤之上隆书中的"过于苛求于性能与指标的极致，而忽视了市场实际需求水平，投入不必要的成本"，要义正在于此。这种不惜成本打造出来的"艺术品"更接近于奢侈品，似乎仅适合卖给那些不谈性价比的土豪，但在整个大市场中，不追求性价比的客户所占的比重是非常小的。

日本制造业因追求完美而造成的衰败能给我们哪些启示呢？

经济学家宋清辉在接受记者采访时指出，中国制造业在向高端转型的时候要特别注意，转型升级后的高质量产品，价格可能会很高。尽管人们的消费能力会提升，但并非所有人都可以购买价格较高的产品，很有可能到后期就出现高质量、高价格产品供过于求。如果企业过度追求创新而不顾市场实际情况，不考虑消费者的承受能力，想实现一步到位的高端技术发展，最终的产品很可能有价无市。

因此，中国制造业向高端转型，既要发挥"匠人精神"，又要注意避免矫枉过正的风险。

31. 打破"铁饭碗","洋务派"或将撬动日企人事制度改革

以往，在提到日本企业的"员工一般会在一家公司干到老"，我们都认为这一制度可以保障员工权益、提高员工忠诚度。但春节前在跟一位先后在两家大型知名日企工作过的朋友交流时发现，实际上不少日本企业都被"国企病"拖累着——在这些日资企业，"铁饭碗""论资排辈"及"领导说了算"等机制非但没有提高员工忠诚度，反而使很多员工都在混日子；不仅中国籍员工如此，而且很多日籍员工也如此。

但日企也并不是铁板一块，不仅不同的日企中的劳动人事制度有所不同，而且即便是在同一家日企，在中国区与在日本总部的情况也有很大差异。比如富士胶片（中国）等公司，近些年，它们逐渐开始尝试一系列"美式管理"，将员工的晋升和奖金与该员工的"表现"挂钩，甚至还可以开除那些不合格的员工，这不仅在打破"大锅饭"的道路上迈出了关键的一步，而且也算是纠正了我们对"终身雇佣制"的误解——终身雇佣制并不等于"铁饭碗"。

不能开除员工，是日企不能承受之痛

铁饭碗的准确说法是"终身雇佣制度"，最早是由创立于 1928 年的松下公司提出的。意指员工被录用之后，在不严重违反公司制度、没有重大责任事故和不主动提交辞呈的情况下，将在该企业中工作直至退休，一般不会被解雇，即使员工的工作效率不高或者不能胜任某职位。

在终身雇佣制度下，企业可以稳定员工队伍以保留优秀员工，因而也更舍得花钱和精力培养员工；而员工也在得到保障后就对企业更加忠诚，雇佣双方都受益。可以说，终身雇佣制度及相关的赔偿政策为第二次世界大战以后的日本经济腾飞作出了巨大贡献。

然而，铁饭碗制度是反人性的。既不能开除那些不合格的员工，又要指望所有的员工都能认真工作，这就得靠员工的"自觉性"了。但道德这玩意儿是靠不住的。既然不认真工作不会被开除，并且也对收入没有多大影响，那我为什么要累死累活地拼命工作呢？

很多日本员工只要能够成为"正社员"，就等于拿到了"铁饭碗"，只要不犯大错误，可以终身被雇用；工作上是否努力进取不重要，关键是争取正社员的身份，然后就可以名正言顺地"混日子"了（虽然法律也没有明确规定不能开除混日子的员工，但公司如果真的开除了，就会遭受舆论的谴责）。

日企的"加班文化"也是为外界所熟知的。但据内部人士反映，日企加班时间长，往往并非因为工作量太大，而是由效率太低造成的。

在 JAPAN TODAY 网站做的一项调查中，一名叫 Daniel Sullivan 的日企员工吐槽称，日本公司工作效率低下，"员工似乎不会努力在规定时间之前完成工作，甚至还会故意拖延任务，目的是让自己看起来工作特别卖力，好像自己在做额外的努力。""准确地说，他们不是长时间工作，只是长时间待在办公室。"表面上看是工作勤勉、加班加点，实际上"磨洋工"、混加班费，严重缺乏效率和竞争力。很多能力强效率高的员工甚至会受到孤立和排斥。

有些责任心强的员工，即使看不惯这种工作氛围而想跳槽，也很难，因为其他公司不辞退员工，也没有员工辞职，没有留下岗位空缺，没法录用你。这就导致大量的员工被固定在自己并不喜欢也并不怎么适合自己的岗位上，无法发挥专长，造成人力资源的极大浪费。

工龄越长工资越高，挫伤了年轻人的热情

在日本公司，与"铁饭碗"相配套的用人制度是"年功序列工资制度"，通常称为"论资排辈制"，即根据员工工龄决定工资的多少，工龄越长工资越高，职务晋升也快，而工龄短则工资低，晋升机会也靠后；学历能力相同，工龄长者为先。工龄指在同单位连续工作的年数，不同公司的工龄不能相加。

由于工龄只计算在同一公司的服务年限，因此员工一旦跳槽，工

龄将在新单位从头算起。这就导致员工在跳槽后的收入往往不增反减，因此员工不敢轻易跳槽。

"论资排辈"制度，增强了企业的凝聚力，防止有经验的员工，尤其是技术骨干的流失，稳定了企业的发展。但是，在论资排辈下，资历比能力重要，做多做少一个样、做好做坏差不多，优秀员工即便工作能力再强、贡献再大，晋升和工资收入也要看年资；相反，能力差的员工，就算效率低下水平低，收入也相差不远。

既然年轻人干得再多、干得再好也很难升职，很难涨工资，那我为什么要努力？因此，论资排辈制度实际上就是在压制员工的积极性，鼓励大家"千万别努力"。员工主观能动性被消磨殆尽，容易不思进取。

工资和晋升不跟工资和成绩挂钩，导致的另一个结果是，很多员工在工作上不求有功但求无过。一位长期跟日资企业打交道的销售人员吐槽某客户说："他们的员工除了完成自己的基本工作之外，几乎不可能去干其他的事。比如，让我报价，我需要图纸，但采购绝不会为我去生产那里拿图纸，只能我自己联系生产（还必须是具体生产线的负责人，其他人不会去的），在他们企业的日常工作中，我觉得人和人之间就是一种事不关己高高挂起的混日子关系，也许私下他们关系也还可以，到涉及工作就是各人自顾自了。"

日资企业等级森严，想升职的话，必须要先要跟对领导，并且还要对领导表现出"绝对服从"。"即使是明知道工作是无用功，也表现出积极地做完。不能发表跟领导相反的意见，哪怕你的意见更有效、更准确。"因此，很多人大小事务都请示上级领导，下级明知道有错误都照做不误，绝对不会对问题检讨或纠正。这不仅导致决策过程漫长，而且还使决策缺乏灵活性，往往稍遇变化就无所适从。

这种机制估计有能力、敢创新的人都会接受不了。诚然，在日本国内的员工没有多少选择余地，但是在海外的日企员工却可以选择不加入，或者选择离开。比如，据调查，在中国的大学生心目中，日企并不是一片拓展个人事业的广阔天地，他们更愿意去更灵活的民营企业或者自己创业。

而那些能接受这种体制的人，就不大会去钻研创新。一位在华的日企员工说："那些派遣到中国的日本籍员工，只要安稳平静地混日子，熬到退休也能混到不菲的退休金。而我本人，也就打算随便混着，哪怕公司经营不善倒闭了，我也能拿到不少赔偿金，这是本人的真实想法。"

"别人家日企"是这么做的

终身雇佣制度和论资排辈制度是针对第二次世界大战初期经济复苏的大背景而设立的，在当时，它们曾发挥过积极作用，但到了现在，它们已经有些过时了。因此，一些在市场上处于领先地位的大型日企也很"识时务"地采取了一系列"与时俱进"的举措。

以富士胶片公司为例，据中国区副总裁徐瑞馥介绍，日本总部准许各子公司按照所在地区的具体情况，制订出最适合自己的员工管理制度，而不一定要遵循总部那一套。比如，与通常在日企里出现的工资与工龄挂钩、年轻员工的薪水很难超过老员工不同的是，富士中国的员工薪酬采取的是"按资历分配与按贡献分配相结合"的制度。

一般来说，员工的资历越深，人事等级就越高，工资也越高；因此，同一部门相同岗位上的两个人，一般来说，资历深的那个薪水会更高一些。可如果那个资历更浅的人贡献更大呢？这个时候，基于绩效考核的奖金派上用场了——业务目标完成得更出色的那个，就能拿到更多的奖金；虽然资历很深但业绩不佳的，奖金就很少或没有。

这套做法的好处在于，一方面保护并照顾了老员工的情绪，另一方面也保护了年轻员工的积极性。

富士中国对员工的绩效考核是这样操作的：按照"正态分布"的法则打出 A、B、C、D 四个级别，在发放年终奖金时，给 A 类员工发 3 个月工资，给 B 类员工发 2 个月工资，给 C 类员工发 1 个月工资，至于 D 类员工，就没有年终奖了。

按惯例，在考核中连续两年评为 A 的员工就会被晋升人事等级。这意味着，一个很年轻的员工，如果连续多次被评为"A"，不仅拿到的年终奖会比那些不上进的老员工多，而且平时的工资也会超过后者。

而对考核被评到 C 或 D 的员工，上司则必须提出一个辅导方案，进行有针对性的指导；如果在经过指导后还不能改善，那等合同到期后就不能再续签。合同尚未到期的，虽然根据《劳动法》公司并不能单方面跟员工解约，但它可以跟员工协商："你过去的业绩也做得不好，你看你该怎么办？要不咱们协商解除合同，公司给你点补偿？"也就是说，在这里"终身雇佣制"是不被认可的。

在这种机制下，员工要想浑水摸鱼，何其难也。

"日学为体，西学为用"——改革还得靠"洋务派"

富士胶片（中国）企业沟通部部长史咏华自大学后就一直在日企工作，富士是她供职的第三家单位。她明显感觉到，富士跟前面两个"东家"有所不同。

前面两家的考评通常都是按部就班，大家的得分都接近于"平均分"；结果就是，大家都"既吃不饱也饿不死"。而到了富士之后，由于现在的总经理有 10 年左右在美国工作经历，自这位总经理来中国之后，考核制度就变得严格了。

史咏华说，她觉得中国人在性格上更接近美国，"如果按照在日本管理的那套思路管理在中国的公司，肯定是要管死的"；但中国毕竟不是美国，做事还是得讲一些人情。所以，富士中国的管理思路是"日美混血"的，既有日本人的管理思路（平均主义），也有美国人的思路（绩效导向、奖优罚庸）。

对这种"美日融合"，秦朔老师用"全球化的影响"来解释。除去上面史咏华提到的富士中国 CEO "有 10 年左右美国公司经历"外，秦朔老师还特别举例说，日产汽车的 CEO 卡洛斯·戈恩是法国人，他对日产的管理方法就跟普通的日企有很大不同。

卡洛斯·戈恩在 1999 年入驻日产时，日产已经连续 26 年业绩下滑，正是他带领日产起死回生。随后在 2002 年，德国人罗尔夫·埃克担任三菱汽车公司首席运营官、美国人马克·菲尔兹和刘易斯·布斯先后担任马自达总裁兼 CEO，他们都曾用"美国 way"带领企业走向辉煌。

有日企的资深员工总结道："日本公司中的本土派大都喜欢大锅饭，抱着日企传统不放手，办事瞻前顾后，犹犹豫豫；而日本公司中受美国文化影响大的都是改革派，敢于突破，勇于创新。"莫非，日企要打破大锅饭和铁饭碗，最终还得靠"洋务派"？

32. 马云所说的"计划经济在未来会越来越大",其实是这个意思

"未来三十年会发生很大的变化,计划经济将会越来越大。"这是马云在上海市浙江商会成立30周年大会上的演讲中说的一句话,随后,网上就炸开了锅。绝大多数报道用的标题都是"马云:在未来,计划经济会越来越大",但并没有解释马云口中的"计划经济"究竟是个什么意思;还有几篇文章,通过分析苏联解体的原因来暗示"搞计划经济没有好下场"。

然而,先别着急,待搞清楚"计划经济在未来会越来越大"的真实含义后再反驳也不迟。

马云在演讲中的原话是这样的:

因为数据的获取,一个国家市场这只无形的手有可能被我们发现。在没有发明 X 光和 CT 机之前,中医是没办法把肚子打开来看一看,所以中医的号脉,望、闻、问、切形成了一种独特的指挥系统,但是 X 光和那个出来以后,发生了天翻地覆的变化。相信在数据时代,我们对国家和世界的经济数据的明确掌握,就像我们拥有一个 X 光机和 CT 机那样……进入数据时代以后,请大家记住,数据就是对未来的

研判。信息 IT 是对昨天的总结为主，而数据是对未来的研判和预判。"上医治未病、中医治欲病、下医治已病"，我们必须学会上医治未病，未病就是可能出现的问题。

所以，马云口中的"计划经济"，跟苏联和中国在 1992 年之前的"国家计划"并不是同一回事，它指的是一种大数据和人工智能，能让资源得到更高效配置的经济机制。

人工智能拯救不了苏联式的计划经济

这并不是马云第一次"唱好计划经济"，早在 2015 年 9 月，在接受台湾地区"中央日报"专访时，马云也曾表示"2030 年计划经济将成为更优越的系统"。

实际上，马云也不是将大数据与计划经济联系起来的第一人。在百度上输入关键词"计划经济 大数据"检索会发现，早在 2013、2014 年，就有不少人在讨论"大数据能不能拯救计划经济"的问题了。

根据哈耶克在《致命的自负》一书的观点，计划经济在实践上行不通的根本原因是，并不存在一个"全知全能"的人可以掌握到足够的凭以做出科学决策（中央计划）的经济信息。于是，各个市场主体进行"分散决策"所形成的"自发秩序"，便成了唯一行得通的经济运行机制。然而，在市场经济中的"分散决策"下，我们看到的是，由于供求双方信息不对称，导致供给和需求经常被错配，结果社会总是生产出大量多于实际需要的产品，产生了极大的资源浪费。

不过，在即将来临的大数据时代，"无法掌握足够的决策信息"这个问题貌似可以通过技术手段得以解决，因此很多人对通过"以需定产"来避免浪费的计划经济的幻想便重新被点燃。然而，无论大数据和人工智能多发达，它也永不可能助我们回到苏联式的中央集权的计划经济。原因主要有以下几点。

第一，大数据其实是"事后诸葛亮"，如果用它来总结消费者过去的需求还是不错的，但计划经济需要计划的是未来的生产和消费。以过去的信息为依据来应对具有不确定性的未来需求，很难成功。即使是超级人工智能也无法用未知的参数来计算未来，因此，即便是有了大数据和人工智能，我们仍然找不到那一个"全知全能"的人来做计划的主体。

第二，大数据的产权是分散的，它被掌握在多个不同的市场主体手里，而每个市场主体都不愿自己手里的数据轻易被别人使用，中央政府也不可能掌握所有的数据，因此，中央计划无从谈起。

第三，如果一个国家禁止除政府之外的机构采集和分析经济数据，规定经济数据是国家机密，这样的话，由全知全能的中央政府来根据数据调节经济，应该能够奏效。但问题在于，有谁会愿意生活在这样的国家呢？

消费者掌握主导权的"新计划经济"

既然无法回到苏联式的计划经济，那么在大数据和人工智能的影响下，我们将会进入一个"新计划经济"的时代。

新计划经济，是美国学者安迪·波拉克和英国学者斯蒂芬·博丁顿于 20 世纪 70 年代提出的概念。它的具体含义是：通过信息技术进行生产信息和消费信息的采集和处理，在灵活的物流配送体系下对产品的生产、销售、分配、消费进行计划指导。

过去的计划经济之所以失败，一个很重要的原因是只从供给一方考虑问题，消费一方没有发言权，也便失去了产品的价值发现功能，时间久了，产品的定价便会偏离价值太远而造成巨大损失。而在"新计划经济"时代，以需定产，所有的生产都会按照消费需求进行，每一件产品在生产之前都知道它的消费者是谁，并且知道这件产品的标准是怎么样的。

当下很火热的"C2B"模式，正是新计划经济的主要实现形式。所谓"C2B"，就是消费者提出要求，制造者据此设计消费品、装备品。"以消费者数据为基础的消费者喜好和需求画像倒逼到产品的设计、研发、生产、供应链、营销等制造业供给侧的多个环节，这就是C2B 的本质。"阿里数据经济研究中心秘书长潘永花在一篇文章中写道。

C2B 模式的主要特征是：在前端，它们或是提供相对标准化的模块供消费者组合，或是吸引消费者参与到设计、生产的环节中来；在内部，它们提升组织能力，以个性化定制方式去服务于海量消费者；在后端，它们积极调整供应链，使之具备更强的柔性化特性。

三一重机（上海南浦）有限公司项目总监、总经理办公室主任李斌举例介绍，过去因为不可能一双脚做一个模具，所以不能按照每个人的脚生产鞋，但智能制造解决了这个问题。"你看中了某一品牌和款式的鞋子，只要你用手机将自己的双脚拍一张照片发到这个品牌的企业，这个企业就能运用技术手段将你的双脚数据化，并把这些数据输入到鞋子的制造系统，系统通过柔性化生产系统便可以给你生产出只有你穿才合脚的鞋子。"

在传统的生产方式里，产品是生产者说了算，消费者只需要根据自己的需求决定买或者不买。而 C2B 却引起了一场"消费关系"的大解放，未来的消费关系是：消费者需要什么，生产者就得生产什么，这是一个逆向生产的过程；并且，生产商之间比拼的不再是价格，而是谁能最先对接到消费者的需求，并且完成消费者需求的精准程度。此时，不会有库存，也不会有恶性竞争，社会成本极大地降低。

整个社会的供应关系将被摧毁重建。

这也是工业 4.0 的本质，工业 4.0 将在未来实现工厂、消费者、产品、信息数据的互联，最终实现万物互联，从而重构整个社会的生产方式。即利用物联网、大数据、移动互联网的手段，使工厂实现定制化生产（按需生产）的过程，从而实行从消费需求—工厂制造—后续服务的一体化。

零库存，减少浪费

与自由竞争的市场经济相比，"新计划经济"最大的好处是消费者的需求在先，生产在后，两者精确匹配，因此不会产生库存（生产过剩）的问题。

看下面两个例子就很清楚了。

1.在当前的市场经济下，农民选择农作物一般都比较喜欢跟风，去年种什么比较赚钱，今年就会种什么，最终每年被跟风种植的作物就会跌价，没人种植的作物价格就会飙涨，等反应过来也晚了，需要很长时间才能平衡。这样的自由市场其实是浪费极大的，也容易产生类似"蒜你狠"的投机倒把行为，最终受害的是消费者和农民。

2.而未来的"新计划经济"就会通过信息收集全国各农作物的市场需求（比如类似淘宝这样的平台就可以进行大致的统计），从而引导各地农民进行种植计划；种植计划进行全国对比之后发现某种作物种植的人太多了，于是可以引导一些人修改种植计划，最终可以大致达到种植计划对口市场需求的目的，这样依靠大数据和信息化减少市场的盲目性和浪费。

在工业品市场上，库存和压货是吞噬厂商利润的黑洞，也是商品价格难以下降的拦路虎。压货和库存是利润的天敌，中国零售商品的零售价往往是成本的 5 倍，眼镜、珠宝、奢侈品零售价往往是成本的百倍，如此巨大的价格差异就是层层库存、压货加价和终端零售成本高昂造成的。倘若通过新计划经济实现了"零库存"，消费者将不必为厂商的库存和浪费去买单，因而物价将可能大幅度下降。

新计划经济还将推动生产和消费朝着生态化的方向前进。如上文提到的李斌说，智能手机的功能在众多消费者那里只用了不足 10%，这是因为目前手机只能批量生产，而且消费者的个性定制得不到技术支持。这些无用的功能几乎存在于所有的产品中，这些无用的功能在生产时不仅要消耗大量的资源，而且要耗费巨大的能源、人力，同时产生巨量工业废弃物，造成环境污染和生态破坏。"在工业 4.0 时代，人们可以通过大数据获取每个消费者使用产品的个性特征，进而有针对性地为其生产一个独一无二的产品。试想，去掉了一半以上的功能，我们节能减排的压力还会像现在这样大吗？我们想要个 APEC 蓝还用费那么大的劲吗？"李斌感叹。

两种不同的计划经济

从上面的分析看，基于大数据的"新计划经济"确实很不错。它跟苏联式的计划经济有着本质区别：

1. 产权制度不会发生改变，不会回到"公有制"；

2. 市场主体择业自由，而不是被"分配"；

3. 计划的主体是采用了人工智能的企业，而不是自认为"全知全能"的政府官员；

4. 计划的作用主要体现在生产及供应链管控上，而产品和服务的定价是靠市场完成的，不是由政府"规定"的；

5. 经济的参与者是完全出于自愿的，而非强制性，并且参与者是自组织、去中心化的，而不需要一个领导来决定每个人干什么；

6. 计划只能在一个比较小的范围，比如一个企业、一个行业或一个产业链上进行，整个国家范围内的、跨行业的经济活动，它计划不了，国与国之间的经济活动，更加计划不了；

7. "新计划经济"可以利用大数据技术，寻求更加精确的市场定位，降低信息成本，更透彻的市场信息，更集约的对口生产，可以减少"劣汰"的浪费，大幅增加"优胜"的比例。

搞清楚了这几条本质差别，再回头来看马云的"在未来，计划经济会越来越大"时，自由市场的支持者们就不必感到恐惧了；与此同时，那些计划经济的拥趸们也没必要兴奋了。

33. 私人订制，古人早就这么玩过了

八年前的这个时候，跟几个朋友一起聊天，有人问："贸易公司的存在价值在哪里？是不是抬高了交易成本？"当时，一个做贸易的朋友很不服气，他反问道："如果你需要买一包方便面，直接去找康师傅或者统一公司，他们会卖给你吗？"经他这么一问，原先发问的人竟无言以对，旁观者也对他的犀利赞不绝口。现在再回头看，他当时的质问还是显得"狂妄"了一些。在即将到来的"私人订制"时代，在C2M（Customer to Manufactory）模式下，直接"向康师傅买一包方便面"将成为可能。

无论是在产业界、在资本眼中还是在媒体人的笔下，私人订制都显得牛气冲天。不过，有心之人只需稍微细心一点便可发现，私人订制及C2M其实算不上啥新鲜玩意儿，古人早在几千年前就这么玩过了！

"黄蓉聘得高手匠人，将杨过赠送郭襄的一柄玄铁重剑熔了，再加以西方精金，铸成了一柄屠龙刀，一柄倚天剑。"金庸小说《倚天屠龙剑》第27回是这样写倚天剑的来历。在很多武侠剧、历史剧中，我们都会看见一些侠客或将官请铁匠按照自己的特殊要求来打造

一款宝剑的场景，并且前者还经常要求在宝剑上刻上一些字——通常是自己的名字。其实，这就是一种私人订制。如果把宝剑的买家看成Customer，把铁匠铺看成Manufactory，黄蓉找铁匠做宝剑，这就是古代的C2M了。

这当然不能算是小说家、编剧或导演的杜撰了。事实上，几千年来，有特殊要求的刀剑等金属制品都是在这种C2M的模式下生产的。C2M模式不仅服务于上流社会，而且也服务于普通老百姓——王侯将相可以去找铁匠为自己重金打造一款能彰显他的身份和个性的刀剑，普通农民也可以去找铁匠为他打造一款比较特殊的农具。

二十多年前，当我还在读小学的时候，寄宿在一位亲戚家里。这位亲戚是个铁匠，他生产的主要是菜刀、铁锹、锄头等农民用的各种铁制品。几乎每天午饭和晚上放学后，我都要去他的铁匠铺里玩一会儿，我也经常碰见前来买刀的客人，有的是直接买走铺里的存货（标准品），还有许多客人是希望铁匠按照他们的要求做——有的要求手柄长一点，有的要求刀刃厚一点，有的要求刀刃薄一点，等等。印象比较深的是，有一个客人是我们镇上的派出所所长，他喜欢练剑，要这位亲戚给他打一把剑，但材质并不是钢或铁，而是铝合金的。为了给他做这把铝合金剑，铁匠还专门开了个模具。那个时候，我的头脑中还没有"订做"这样的概念，但现在回头看，这就是活生生的"私人订制"了。

也是在那个年代，我妈和我姨妈在农闲之余还是一名裁缝，逢集的时候在街道摆摊，不逢集的时候常常有顾客找到家里来。由于每个客人的身高体型及偏好都不同，所以我妈在那几年里做过的上千件衣服中，就没有两件是完全相同的，没有一个统一的标准。而接单流程，通常都是顾客先找过来，我妈先给他们量尺寸，然后顾客再去买布料，再把布料送过来，等成品做成后他们再来取（跟全国各地出口加工区中的"来料加工"模式如出一辙）。

这两年，在得到复星的投资之后，青岛红领的服装私人订制炙手可热，但作为一个裁缝的儿子，我表示"不服气"——我妈在二十多年前做的难道不是"私人订制"吗？虽然没有红领那么高大上，但性质上真有很大差别吗？实际上，何止是我妈啊，数千年来，除去极个别的"自己动手、丰衣足食"之外，穿衣服的和做衣服的之间都是这样一种 C2M 的关系。

1996 年，我上初中了，此后再很少去那个亲戚的铁匠铺了，也不太清楚他的生意动向了。

1999 年，我进城市上高中了，回家的次数很少了，渐渐地也不太清楚我妈的裁缝生意是怎样的了。

与此同时，在 2000 年前后，我们镇上的服装店比过去多了许多，逢集的时候，摆摊卖衣服的也很多。还有几个卖菜刀和农具的地摊。

在服装店和地摊上买的衣服，款式要比我妈会做的款式丰富得多，而且有的衣服的布料在我们这边的布贩子那里根本就买不到，即便是裁缝有那手艺，也是巧妇难为无米之炊啊。更要命的是，对广大农村消费者来说，直接从服装店或地摊上买衣服，还要比他们自己买布再找裁缝做要更便宜一些。如此一来，找我妈做衣服的人就越来越少了。不知从什么时候，我妈和我姨妈的缝纫机就下岗了，也不知是从什么时候开始又瞧瞧地生锈了。

而那位当铁匠的亲戚，命运跟我妈这样的裁缝差不多，他也渐渐地从市场上退出了。

小裁缝和小铁匠的沉浮，并不是他们个人的成功或失败，而是"家庭作坊"败给了"机器大工业"。我妈这样的小裁缝和那个铁匠亲戚都不是"先进生产力的代表"，他们这样的 C2M 模式被更先进的商业模式（大批量生产、大批量销售）所取代，也是大势所趋。

然而，怀旧好像是人类的一种本能。

在最基本的需求得到满足之后，人们便开始关注情感和归属的需求、尊重的需求和自我实现的需求了。诚然，大工厂的流水线上大批量生产的衣服要比找裁缝私人订制的便宜得多，但如今日渐崛起的中产已经"不差钱了"，他们也很舍得为自己的"个性化需求"买单，因此，像青岛红领这种崛起于新时代的"私人订制"模式，即便是成本要比在服装店买衣服高，也照样会受到越来越多的消费者的青睐。

不过，当下正在被热议的这一波 C2M，并不是一种简单的复古或返璞归真，它在很多方面都与数千年以来的 C2M 是不同的。

1. 以前的 C2M 存在于工业化时代之前，或者在工业化的触角尚未扩展到的地区、领域，M 其实不是现代意义上的工厂，而是个体户、家庭作坊；而现在的 C2M 中的 M 则是新式工厂。

2. 以前，因为 M 端的小工匠、小裁缝的个人技能有限，所以可以订制的产品种类也不够丰富；而如今，M 端不仅有数量众多的工程师和设计师，还有先进的科学技术，因此可订制的产品种类更丰富。

3. 以前的 C2M，消费者和生产者需要面对面沟通，因此交易很容易受区域限制；而如今的 C2M，消费者跟生产者的对接通过网络完成，交易可以是跨省、跨国的。

4. 过去，在众多的领域里，因为大批量生产的能力并不具备，小批量的"私人订制"才是常态，因此消费者找工匠定做一件产品并不会显得多么有个性和格调，相反，当服装店刚刚在农村市场出现的时候，比较富裕的农民去服装店买衣服，要比找裁缝"量体裁衣"时尚多了；现在，消费者买到工厂批量生产的产品是常态，毫不稀奇，相比之下，通过 C2M 的形式定做一套衣服就显得很时尚、很有格调、很有品位。

34. 当世界只剩下屏幕——我们应该放缓自动化的步伐

前几年，手机上还没有装录音软件的时候，每次出去采访，我都得用钢笔在笔记本上"奋笔疾书"——快速地记下受访对象所说的关键词，回去后再凭记忆来整理。那时候，我对自己写的大部分稿件都比较满意，对采访过程尤其满意。

而现在，每次采访前要做的第一件事情肯定是先把手机上的录音软件打开，回去之后做的第一件事情也肯定是整理录音。结果，我每次写稿子耗费的时间都要比以前多得多，而质量却没有高出多少；甚至有的稿件的质量还不如从前。更惭愧的是，现在我从采访过程中得到的乐趣也不如以前了。

当只能在纸张上做采访笔记的时候，我很清楚，如果别人讲的时候我没认真听、没有认真做笔记，等回去写稿子的时候就"死翘翘"了。这种危机感，迫使我在跟采访对象交流的时候注意力高度集中，因此不仅做笔记的效率极高，而且瞬间记忆力也超级强，对他讲的关键词以外的、没有被记在本子上的内容，我也印象极其深刻，在回去往电脑上整理的时候，很容易"还原"。

另一方面，把笔记上的内容誊写到电脑 word 里，要比整理录音快多了。因此，在那个"没有录音笔"的年代里，我的采访工作是高效而惬意的。

自在手机上安装录音软件之后，情况就不一样了。首先，录音功能的存在，让我开始对自己做笔记的技能变得非常不自信，我想："我无论怎么卖力地做笔记，肯定是没有录音笔强大。"于是，我就破罐子破摔，索性不做笔记了。即使偶尔在笔记本上写几笔，事后也肯定不怎么看，好像当时在笔记本上记录并不是为了供后面写稿用，而是因为"手没地方放"一样。

另一方面，对录音笔的高度依赖导致别人讲的时候，我常常不怎么认真听——在论坛和讲座的时候尤其如此，因为"反正是要整理录音的"。然而，坑爹的是有两三次录音笔失效了，中途意外中断，大部分内容都没录进去；还有很多次，录音的噪音太大，我在整理录音的时候根本不听不见别人说的是什么。

每当这个时候，心情就极度糟糕。但我发现，我并没有怪罪于自己的"不用心"，而是只知道埋怨录音笔"不给力"。

本来，人类发明出这些更先进的设备是供自己利用的，但我们自己却"不争气"，常常成为工具的奴隶。

自动化的发展越来越快，在我们的生活和工作中，各种智能设备无孔不入，我们只需要轻轻触摸一下屏幕，就能解决很多问题。然而，根据尼古拉斯·卡尔在《玻璃笼子——自动化时代和我们的未来》一书中的观点，自动化给我们带来各种便捷的同时，也造成了我们在好多方面技能的退化；相应地，对自动化的过度依赖，还让我们损失了很多本可从"动手"和"动脑"中所获得的乐趣。更可怕的是，在某些领域里，自动化将使人类的活动面临更大的危险。

如果你爱好摄影，并且经历过从胶卷相机到数码相机的转折，你一定会有这样的感觉：用数码相机，表面上更方便，但实际上会浪费你更多的时间，并且也影响了你摄影技术的进步。

在胶卷相机时代，每一张胶卷，一旦拍错就浪费了，因此你在按下快门之前，一定会格外小心，你会用心地选角度、调好光线，所有的精心准备就只为了那一瞬间；你即便是拍照技术一般，也会在拍照这件事上体现出一定的"匠人精神"，因此你常常会"超常发挥"。久而久之，技术就提高了。并且，拍出一张很好的照片后，你会有很强的成就感，因为你知道这是你的"真本事"。

相反，如果用的是数码相机，你会有一种"拍错了也没关系，反正可以重拍"的心态。因此，你在拍照的时候，有点漫不经心，角度和光线还没有调到最好，你就迫不及待了。同样的镜头，你却连续按了五六次，甚至十几次。回去之后，你再把相机连接到电脑上，就像做高考的英语选择题一样，运用"排除法"，从十几个选项中删掉大多数，只留一两张好稍微好看一点儿的——还不够好看，因为，你还得再用修图软件装饰一番。

一方面，选图的过程浪费了你很多时间，另一方面，幸存下来的那几张照片能被你"看上"，也未必真是你的摄影技术高超，而极有可能是"运气好"。

以前的文人骚客出去游山玩水的时候，可以写诗作画，而现在的傻白甜和伪文青，则只能不停地"拍拍拍"了。更可惜的是，数码相机和修图软件的存在，使我们的"拍照技术"也显得不那么真实了。数码相机的主人从"拍拍拍"中得到的乐趣能够与李白、苏轼从诗画中得到的乐趣相比吗？

如果你是一名建筑设计师，你会发现，跟几百年前、几十年前的设计师相比，你不太需要手绘图纸了，大部分的图纸都可以通过CAD等自动化绘图软件完成，这样效率要高多了。然而，这种由计算机来完成的设计过程是不是给你留下了很多缺憾？手绘的图纸不仅是一份建筑蓝图，不仅有工具价值，还有审美价值、艺术价值，它承载着设计者的感情，它里面有一种人文精神，而且你的笔在纸上绘图的过程也是一个整理思维的过程。在这个过程中，你会不断发现设计中不完美的地方，并迸发出新的灵感；可惜的是，在用CAD软件绘图的过程中，这一切都消失了。

本来，自动化是为人服务的，然而对自动化的过度依赖，使人类对很多事情的参与感减少了，因而存在感也减少了。人不再只是自动化的主导者，相反，在很多时候自动化是主角，人类只是帮手。这是一个危险的趋势。

现在，谷歌的"无人驾驶汽车"概念很热，然而，这其实算不上新鲜事。在航空领域，无人驾驶汽车早在几十年前就成熟了，只是尚未大规模应用而已。飞机的驾驶室里充斥着各种智能设备，这让飞行员不再是原来意义上的"驾驶员"，而更多的是一个"计算机操作者"。

自动化在航空领域的推广，在总体上既帮航空公司降低了人力成本，也提高了飞行的安全系数。然而，驾驶员（"计算机操作者"）对自动化的过度依赖，导致他们的"动手能力"严重下降，继而在遇到紧急情况时，一旦自动化环节失控，需要飞行员手动操作，他们可能会不知所措。

2013年1月，美国航空管理局发了一则通告，要求所有的飞机驾驶员在适当的时候尽量多采用手控飞行操作。该通告的目标在于保持飞行员对手控操作的熟练度，以便能沉着应对突发状况。因为，欧美国家在对近几年的多次航空事故调查后发现，这些空难的发生多与飞行员"动手能力退化"、在关键时刻操作不当有关。而飞行员技能的退化又主要是拜自动化所赐。

正如尼古拉斯·卡尔在《玻璃笼子——自动化时代和我们的未来》一书特别强调的，发展自动化有一个前提：是以人为中心，而非以技术为中心。如果搞反了这一点，就会出现"我们手握着方向盘，却不知道是谁在驾驶"的困境。

技术的进步固然重要，但人的技能的发展、人对外部世界的体验能力更重要，如果一项技术的应用已经开始削弱人类的这种能力了，我们就得警惕了。

第 五 章

穷员工，富员工——个人的奋斗与"历史的进程"

35. 当"弹性工作"变成了"过劳死"的高发地

2016 年底，苏州一个 24 岁的工程师，"不抽烟不喝酒，无不良嗜好"，却因为加班频繁而猝死。随后，央视新闻盘点了一下近几年媒体爆料出来的因为加班过度而死亡的案例，并得出结论说，"过劳"似乎已成中国职场的常态。有资料显示，中国每年"过劳死"的人数达 60 万人，已超越日本成为"过劳死"第一大国。

近些年，"过劳死"的威胁对象已经从体力劳动者转向脑力劳动者，且呈年轻化趋势。并且，"过劳死"已不是哪个行业独有的现象，广告、媒体、IT、医疗以及金融等经常需要"过度加班"的行业都没有幸免。然而，广告、媒体和 IT 却是现在流行的"弹性工作制"最集中的领域！

免费加班：弹性工作的"不能深受之重"

"弹性工作制"是个"进口货"，前些年，听谁说自己所在的公司是"弹性工作制"，大多数人肯定会很羡慕——因为这意味着上班去晚一点没关系，可以睡个懒觉；可以提前下班去幼儿园接孩子；可以赶在银行下班前去处理一些自己的私人事务；可以提前出去参加一个私人饭局。直到现在，还有很多公司在招聘广告中强调是"弹性工作制"，借此提高对人才的吸引力。

然而，当身边越来越多的人加入了"弹性工作制"的阵营后，我们逐渐发现，弹性工作制并没有想象中那么美好。上面提到的这些"优越性"固然是真实的，但弹性工作制还有令员工难以承受的另一面。

以偏好"弹性工作制"的广告公司为例，虽然说上下班自由，但据不少业内人士吐槽，"仅凭正常上班时间几乎是没办法完成手中项目的，你常常要为它们额外挤出很多时间，平时和周末加班是家常便饭"。因此，在网络问答社区知乎上，有广告公司员工吐槽说："弹性工作制就是一个笑话，意味着加班可以不给钱，让你免费加班！"

几年前，某实行弹性工作制的互联网巨头曾经因"9点停止早餐供应"而在公司内网上引发大战。"参战"高层的观点是：9点之后很多员工仍然在食堂吃早餐、闲聊，公司必须要有制度，所以9点后食堂停止供应早餐。而员工的观点则是：公司不能保证6点断水断电准时下班，就不要谈9点准时上班。可见，弹性工作制并没有赢得员工的"感恩戴德"。

国内的企业如此，那外企会不会更好一些呢？答案是：不会！前些年，四大会计事务所屡次被曝有员工因为加班过度而死亡，而在那些顶尖级的投行，"加班死"也早已不是新闻。

GE 也实行"弹性工作制",虽然大部分情况下氛围都很轻松,但也有员工有过"连续加班16天没有周末"的经历。该员工称,不是他一个人,而是整个团队都在加班;并且,"现在形成了很不好的风气,一遇到项目 delay(未能按时交付)就加班,而不是考虑进度安排是否合理。"

有人说,如果可以用一句话来概括"弹性工作制"的话,那就是"一个人拿两个人的钱干三个人的活,哪怕效率再高、时间再弹性,基本每周工作时间都超过法定时间,并且还没有加班费"。

不能让老板 / 领导"不舒服"

虽然所有公司都会标榜"弹性工作制"是出于对员工的尊重,然而,这种话听听就罢了,千万别真的相信。毕竟,老板和股东都不是慈善家。

很多公司采用"弹性工作制"的初衷就不是为了让员工更舒服,而是为了提高"用人性价比",即在省去加班费的情况下让员工"多干活"。从人性的角度,这很容易解释。

一个公司原本的作息时间是"朝九晚五",全天8小时,假如实行弹性工作后,一个做事很专注、效率很高的员工实际每天只需要5个小时就把事情干完了,提前回家去了,那老板 / 领导(尤其是一些比较感性的老板）会心里很不舒服，他会觉得"我付给你那么多钱，你居然每天只工作 5 小时"；相反，如果弹性工作制的结果是员工直到晚上九点还在加班，那这些老板会觉得自己"占便宜了"，他们会感恩戴德地认为"弹性工作制真是个好东西"。

还有一个好多员工都有切身体会的现象是：即便是在弹性工作制下，一个高效率的员工如果经常上班太晚或下班太早，老板还是会免不了在心里嘀咕："这家伙每天都在干嘛啊，他真的有在专心干活吗"。

实际上，这些老板／管理者，宁可看见员工都老老实实地待在办公室"磨洋工"、闲聊、上淘宝，但只有到五点半才下班，也不允许他们在高效地干完工作后两三点钟就回家，更不允许他们在家里工作了。他们考核员工，不仅看工作成果，还注重形式，看员工是否在办公室里待了足够多的时间。

而且，很多老板／领导自己是工作狂，他们不喜欢看到员工比自己先下班。"领导是劳模，员工哪能休"，员工如果主动提出休息休假，就可能被理解为"偷懒"。

不过，老板／领导们有上面说的那种心理，也并不过分，因为在一个公司中（尤其是大公司），有很多员工缺乏自律精神，他们需要有"严刑峻法"的约束才肯努力工作，而自律性强的、值得信任的员工永远不会构成大多数。悲催的是，由于人数太多，老板们常常搞不清究竟谁是可信的、谁是不可信的，因此他们倾向于"有罪推定"，把所有员工都假定成"自律性差的"。

结果，在"不能让老板/领导'不舒服'"的标准下，所谓的弹性工作制反倒可能更加催生变相剥削，导致非自愿的"自愿加班"。

狼性文化下的"自愿加班"

抛开工作量和"看领导脸色"外，部分公司的"狼性文化"也迫使员工之间展开激烈的竞争，这又逼着员工们自我加压，因此，即便是规定的工作已经完成了，他们还会"自愿加班"。

你效率高，你能把别人一个月的事情在一周做完，你当然可以休半个月的假，但现实却是，这样的人一般只会休几天，再用剩下半个月做掉别人半年才能做完的事情。

关于员工之间的这种竞争，知乎上有一个程序员的描述："1年以后，他们的乐趣大多来自于贬低其他程序员，赶走其他程序员——当末位淘汰制让某人离开时，那些人是最开心的，因为事实证明了他们比那些人更强。"多么痛的领悟啊！

以后，再看到企业的招聘广告中说自己是"弹性工作制"，你可就得"考虑清楚"了。弹性工作制会让你感觉"格调很高"，你也确实能从中享受到很多便利，但它背后的代价你能承受吗？

连《劳动法》也束手无策吗？

实行弹性工作制及容易出现"过劳死"的行业，往往也是员工的收入"还可以"的行业。尤其是对刚毕业的大学生来说，这些公司开出来的薪水是挺有诱惑力的。在这种情况下，指望求职者们能"自觉抵制"这些公司，拒绝过度加班，显然是不现实的。

尤其是现在就业市场上竞争如此激烈，你不愿意干的事情，总有人愿意领比你更低的薪水来干，因此，员工一方其实是没有什么选择权的。似乎，员工只能诉诸《劳动法》了。

《劳动法》第三十六条规定了八小时工作制，"平均每周工作时间不超过四十小时"，但"弹性工作制"这样白纸黑字的市场化契约，让劳动监察部门往往束手无策。此外，法律对过劳死的认定也很模糊。过劳死是否是工伤？用人单位承担多少责任？这些都没有明确的说法。

如果把"加班死"定性为工伤，要公司支付巨额赔偿，让它们为剥削员工付出代价，这样的话，那些"弹性工作制"的公司在给员工分配工作量时会重新考虑吗？如果严格按照《劳动法》执行，企业会不会"不堪重负"呢？

这一切都需要企业、民间组织、法律界、学术界和政府等多方共同商讨解决方案。

一点补充：

无论弹性工作制下的工作量有多大，有一种人肯定是不适合弹性工作的。

如果一个人的自律性很差或者有严重拖延症，我们来想象一下，弹性工作对他来说意味着什么：早上睡到自然醒，悠闲地收拾好之后出门，一个小时地铁，到公司已经十点。部门同事大多十一点多就去吃饭，也就是说上午干活没一个小时，还没进入状态就到饭点了。那么一天的工作经常要到下午才能真正开始。而下午多半又是要犯困的，工作效率不会特别高，即使九个小时工作时间到了，也可能会面临工作没有完成的情况。这时候稍微加个班就到九点十点了，然后再折腾一个多小时地铁回去，到家十一点。啥事干不成就睡了，第二天再自然醒……

所以，对那些自控能力不强的人、对自己的工作状态和效率没有良好规划的人，弹性工作制是不适合的——弹性工作只能把这个人本就不多的产出能力压到一个更加低的水平上。

36. 拆了那么多快递，却依然快乐不起来——花钱的几大误区，你中枪了没？

年中，当别人都在盘点收入的时候，我们来聊聊"花钱"的问题。

"男人更容易从赚钱的过程中得到乐趣，而女人更容易从花钱的过程中得到乐趣。""6·18购物狂欢节"那天晚上，我在微信朋友圈发了这段话，引得无数人的强烈共鸣。

然而，现在回头细想，这种共鸣是"掺了水分"的——真实的情况是，很少有人会因为频繁"买买买"而变得更加快乐。我敢断定，有很多人已经暗中表示中枪了。

当然，肯定还会有人表示"不服"。

不服的话，登录一下自己的京东和天猫账户，打开过去一年以来的购物记录，仔细核对每一项，想想当初购买这件东西的时候付出了多少心思，得到了多少快乐，到现在，那些快乐还在不在？如果还在，快乐程度跟之前相比，衰减了多少呢？

此外，有没有这样一种可能，产品和服务都没有问题，但这次消费却让你变得更加不快乐了呢？

当然，如果这些花钱的行为并没有给你带来快乐，那也并不等于

"花钱买不来快乐"，而是你花钱的方式或态度出了问题。

通常，我们在花钱时很容易进入以下几个误区。

误区一：为了"省钱"，结果浪费了更多

1. 搞不清自己需要什么东西，一看见商家促销就去买，以为自己捡了大便宜，但买回来之后却发现那些东西根本就用不着——越是在意"省钱"的人，就越容易冲动购物。事后，一方面是心疼浪费了钱，另一方面还会因为"管不好自己的手"而有一种羞耻心。

2. 比前面一类强一点。能搞清楚自己需要什么，目标很明确，但对价格过于敏感，明明凭自己的经济能力能买得起贵的，却买了个便宜一点的，结果用不了多久就得换，这次可能仍然是买了一个比较便宜的。从价格上看，两个便宜的加在一起，要比那一个贵的更贵一些。

3. 买一个几十块钱的东西，要花两个小时去挑选，重点不是比款式，而是比价格！在传统社会，这样的女人往往会得到"会过日子"的美誉，放在现在，如果支付能力实在有限，这样做倒也可以理解，然而，如果并不缺那点钱，就没必要费这个劲了。

由牧曾在文章中讲过一个故事：大学时候有个舍友，一直很极端地发挥着"货比三家"的精神，即使只是买一箱牛奶，他也会花一下午时间去学校附近的三家大型超市比价。七八块钱的大宝，刚买完就特价便宜了一块钱，足以让他持续念叨半个月。最后，当同宿舍的人

都穿上学士服拍毕业照的时候，他却因频繁挂科被降级了。面对他的是，多花一年的时间；当然，对他而言更残酷的是：一年的学费，这是更大的浪费。在故事的结尾，朋友点评道："他从来没有计算过：那省下来的几块钱，与他花费掉的时间和精力完全无法平衡。"

诚然，这个例子过于极端，但在购物时为了"省钱"而浪费了大量时间，并因此而耽搁了更重要的事情的现象却比比皆是。所以，"买买买"的时候固然很开心，但等买完了，头脑清醒后再一权衡得失，就不开心了。

误区二：过于看重"性价比"，却不在乎自己的感受

当然，"省钱"并不必然会导致浪费。也许，即便是在把时间成本等加进去之后，你"货比三家"之后再选出来的这个，仍然是"性价比"最高的。

不过，性价比真的就有那么重要吗？"性价比"是什么意思？如果产品品质也可以量化，那么，产品的品质除以价格，所得到的"商"，即每一块钱所能购买到的产品品质，就是"性价比"；性价比越高，你这次购买就"越划算"。然而，性价比或"划算"的潜台词是，你所买到的并不是自己最满意的东西。

"划算"是你在支付能力不足、或舍不得花钱的情况下做出的一种妥协，你牺牲了一部分的满意度，然后通过"划算"来找到心理上的

平衡。对支付能力不足的人来说，这很正常，但对于并不十分缺钱的人来说，追求这种"划算"值得吗？

由牧在一篇文章中说："对价格的感受，在挑选和买单的时候达到顶峰。然后我们开始真正拥有它，剩下的时间里与之相处，便大都是价值在物品身上的延续了。"也就是说，我们买一件东西，价值的生命力要比价格长很多。通常，买回来没几天价格的印象就慢慢淡去了，而价值的印迹却长期存在。

所以，追求所谓"性价比"或"划算"，就是以牺牲"长期的愉悦感"（价值）为代价来换取一个"没几天的愉悦"（价格）。

由牧说，过度追求性价比，很容易让我们忘记美、忘记热爱。"现在买东西尤其喜欢先看好东西再看价格，若是便宜那自然是意外之喜；超出自己承受范围的，那便列入愿望清单，继续努力便是；感觉有点贵，实在喜欢，也有预算，那就闭上眼拿下。虽然总体花的钱跟以前差不多，但一件因喜欢而付款的物品，胜于十件因便宜而入手的。"

如果你非得追求性价比的话，那我觉得，只有一种"性价比"值得追求——尊重自己的感受，让自己满意、不委屈、不将就，这才是最高的"性价比"。

误区三：事后比价，验证自己是不是"冤大头"

四年前，第一次购房的时候，我在房展上只询问了三家，现场看房也只看了一家，就定下来了。当时，有朋友问：你怎么不再比比价格？我说：在我眼里，它就是个商品，除了价格比较高之外，跟其他商品也没有什么区别，有什么好比的？

事前不比较，事后我就更不比了。实际上，此房成交后，我就再也没关注过房价。然而，皇帝不急太监急。隔三差五地，总有朋友打听：你的房子涨价了没？我说：没关心过这个问题，我是买来自住的，又不是投资的，它涨没涨价跟我有什么关系？

很多人买完东西之后喜欢到别处去比价格，我就不做这种庸人自扰的事情。如果比价之后发现自己"占便宜了"，固然高兴，但如果发现自己"上当了"，岂不是得郁闷个半死？况且，购房这种事情，一般不会有第二次，不存在"吸取教训"的必要。

的确，购买之后再不去"货比三家"，就可能是明明被人宰了，自己还蒙在鼓里；然而，就算被宰了，如果我自己不知道自己被宰，那就不会郁闷，不会有"我怎么这么蠢"的耻辱感。"有没有被宰"的真相并不重要，自己的心情才重要。

不在意有没有"花错钱"，你会快乐很多。

误区四：认为只要交了钱，自己就会更努力

我们经常看到，有人报了收费很高的培训课程，或者以不菲的价格办了健身房的会员卡，却最终半途而废，交出去的钱都打了水漂。

如果一门课程有社交价值，能给你带来"资源"，那多出点钱也无妨，可是大多数课程都不具备这种属性。而课程里教的那些东西，大多数都是通过自己一个人看书就可以学会的。既然如此，为什么还有那么多人喜欢报课程，是因为钱多人傻吗？

不是。喜欢报昂贵课程的人，大都是因为对自己的自我管理能力极度不信任，他们十分清楚，如果是自学的话，自己肯定会拖拖拉拉的，坚持不下去，因此他们试图通过多交点钱来强迫自己多学点儿。

然而，这其实是很难的。交了钱，并不能确保你会更加努力。以健身房会员卡为例，大多数健身房都是常年招收会员，那他们就不担心"满员"吗？当然不担心，因为健身房的人早就通过"大数据分析"算准了，大多数人在交了钱之后都是无法坚持到最后的。所以，一个健身房哪怕承载能力是 100 人，会员收到 2000 人也是有可能的。

当这些人发现自己花了很多钱却无法坚持之后，郁闷是双重的：1. 钱浪费了；2. 我的自制力咋这么差！前一种郁闷是小事，但后一种郁闷会让他失去自信。

一方面，不愿意面对现实，不愿意承认自己能力的局限性，另一方面，却又试图花钱去买一个心安理得。这其实是很难的。

误区五：认为每一笔支出都应该有回报

我以前跟朋友聊穷人和富人的财富观时提过一个观点：穷人跟富人最明显的区别就是"舍得观"的不同。

富人大都很舍得投入，他们做投资，哪怕是十分清楚在相当长的一段时间能得不到回报，甚至是付出最终会有极大可能"打了水漂"，他们仍然愿意去投资；而穷人则特别容易患得患失，对一个小小的投入都会斤斤计较于有没有回报。

富人是只要自己觉得那个方向对，就肆无忌惮地去做了，而并不苛求结果一定要怎样；而穷人则是，哪怕方向是对的，但只要结果出了差错，他们也会自我怀疑。

这里的"投资"或"投入"，既包括在产业方面的投资，也包括在知识、人脉等人力资本方面的投资。很多穷人请别人吃过一顿饭，还在埋怨对方老不回请、不买单，但富人可能这样吗？富人并不希望每一单投资都有回报，他们更愿意遵循"大多数法则"（就像保险公司一样），只要总账不亏就行了。

误区六：掉进沉没成本的陷阱

在餐馆里点了一道菜，明明不喜欢吃，但为了"不浪费"，就硬逼着自己吃，结果自己吃得好难受；不小心买了自己不喜欢的衣服，食之无味，但又觉得"弃之可惜"，于是就一直"将就着穿"。哪怕后来再碰见更喜欢的，也舍不得买，因为不忍心让前面那个"浪费"了。这就是被沉没成本给绑架了。

掉进"沉没成本"陷阱的人还经常遇到这样的问题：比如，跟女朋友分个手还要犹豫，我已经在她身上花了那么多钱了，就这么一分手，那过去的那些钱不就白花了吗？于是乎，为了"收回"沉没成本，他们继续在毫无激情的"爱情"中凑合着，结果便是花了更多的冤枉钱，当然，人也变得更不快乐。

人要想活得快活、活得洒脱，就不能太在乎那些沉没成本；你所有的惋惜和计算，都只能是徒增烦恼而已。剩下的饭、已经花过的钱，浪费就浪费了呗；你试图"挽回"这些损失，结果只会损失得更多。

富有戏剧性的，如果你是个有心人，仔细观察过身边的人消费情况的话，你会发现，上面这几类现象，在穷人身上比富人身上更普遍、在低学历人群身上比高学历人群身上更普遍、在学渣身上比在学霸身上更普遍。

37. 姑娘，别傻等了，包养得起你的男人不会在这里出现

问："为什么在网上找不到真正的有钱人和真正的美女？"

答："因为真正的有钱人都在忙着上真正的美女，没时间上网！"

一、"陌陌"的尴尬

有一次跟朋友路财主聊移动互联网产业，当时说到陌陌。路财主说，陌陌的商业模式有问题。我问：什么问题？

"上面的女性用户，主要是想找个能包养自己的男人；但男性用户大都是些没有什么钱的屌丝，他们只是想约 pao 而已。"绝妙！

虽然，我一贯坚定不移地认为（不读书的）女人比男人的独处能力更差、比男人更加耐不住寂寞，但我依然认为，女人的约 pao 需求并没有男人旺盛。所以，"女人上陌陌是为了求包养而非约 pao"这个说法比较靠谱。

之所以说女人的约 pao 需求没男人旺盛，固然跟女人的顾忌更多、

不好意思主动进攻有关，但更关键的原因其实是：1.女人不大会像男人那么饥不择食，她们甚至可能以情人的标准来选择pao友；2.女人的约pao，没有男人那么纯粹，男人在约pao时可能就是想打个炮而已，而女人在约pao时还企图顺便得到礼物、金钱、陪伴甚至短暂的爱情等"增值服务"。

如果能通过临时的约pao发展到包养与被包养的关系，增值服务就实现了，对女用户来说，这就是最完美的一次约pao。

可惜的是，女性用户想要被包养，男性用户只想约pao；前者的需求是长期的，并且希望能挣点钱，而后者的需求只是临时的，希望能够"零成本"——不是因为抠门，而是实在没钱。这样，双方都不是彼此要找的人，交易也就自然难以达成。

路财主说，男性用户没钱或舍不得花钱，这其实是所有的荷尔蒙经济遇到的一个共性问题。

以直播为例，虽然都传言女主播能挣上百万、上千万，但其实大多打赏都来自托儿。原因很简单：真正的有钱人，在现实中都不缺性资源，因此，没有动机也没有时间来看直播；愿意玩直播的男的，都是在现实中缺少性资源的屌丝，但这些人又都没什么钱，也没能力给女主播打赏（不绝对，但基本如此）。

我想起几年前看到的一个段子。说是有人在论坛里发帖子：为什么在网上遇不到真正的有钱人和真正的美女？有一条精彩绝伦的回答是：因为真正的有钱人都在上真正的美女，没时间上网。

设想陌陌上的男用户和女用户在线下见面了，结果八成会是女方没有预期中的好看，男方没有预期中的有钱。

二、约 pao 与包养的"大数据分析"

下午看一本叫《社交红利》的书，有一段讲到微信在起步阶段"用户经常被陌生人打招呼、要求加好友"，我突然产生了一个好奇心：微信"摇一摇"这个自打它成立之初我就一直没用过的垃圾功能，到现在还有人在用吗？

然后，我决定做一个测试。我摇了一下，居然在 1200 公里之外还有另外一个人也在摇哎。有点失望。我一直认为，"能持久地充满激情地做一件事"是一件难度很大的事情（我当年的择偶标准里面有这一条），但没想到对"摇一摇"这种没层次的事情，已经有六年多时间了，竟然还有人没有对它疲劳！

也许是因为用户年龄太小，刚买了手机用上微信、新鲜感还没过去？十多分钟的测试里，我一共摇了 34 次，每次都有一个远在千里之外的人在跟我"共振"。这些人不可能都是"刚刚用上手机"吧？

这种可能性可以忽略不计。我更倾向于认为，这些到了这个年代还在玩摇一摇的，要么是像我一样的"实验人员"，要么就是些寂寞男、寂寞女。

我一边摇一边对摇出来的结果做了个"大数据分析"，结果是这样的。

1. 性别

第一轮测试，摇出来的 34 人中至少有 30 位的头像显示是女性。我被吓了一跳：难道在有约 pao 需求的人里面，女性的比重这么高？

随即一个念头产生：会不会因为我自己是男的，系统在自动给我匹配"约 pao 对象"，所以才出来这么多女性？ 然后，我就在系统里面把自己的性别改成了"女"，开始了第二轮测试。这一次，摇出来的基本都是男性，并且还有两个立刻跟我打招呼了。

可见，就单纯的约 pao 需求，男人要比女人强大得多；并且，也更具有主动性。

既然如此，为什么还有那么多女的在微信上玩"摇一摇"？我觉得跟陌陌上的女性用户一样，在等待那个能包养她的男人出现；或者，退而求其次，先从 pao 友做起，然后再争取发展成包养关系。

不是主观臆断，后续的分析都会佐证这一观点。

（关于性别，还有一种可能，营销号和骗子通常都用"绝色美人"的照片做头像。但在这 34 人中，头像是"绝色美人"的只有 4 人。我们假定所有以绝色美人为头像的账户全部是骗子，那么真实性别为女性的也有 30 个，不影响大局。）

2. 地域

这 34 个人中，有 25 人在距我 800 公里开外，200 公里之内的，仅 3 人。

我自己的坐标在杭州。由此推出，上述有排遣寂寞需求及渴望被包养的女性，大都在长三角之外的地区。

有一些人的信息中没有写自己具体在哪个区域，可统计到的部分是这样分布的：广东 4 人；甘肃 3 人；陕西、河南、辽宁各 2 人；河北、黑龙江、吉林、广西、云南、安徽、内蒙古、上海、江苏、山东各 1 人，共计 23 人。

在这 23 人中，仅有 7 人来自发达省份 / 市（广东、上海、江苏、山东）；其余 16 人均来自"老少边穷"地区。

再算得仔细一些，我们会发现，在广东的 4 人中，有一名来自河源市；江苏的那一个实际上来自宿迁市——江苏最穷的地方；山东的那一名来自济宁地区，理论上，山东除了青岛、济南、烟台和潍坊都属于不发达地区。把这几个来自发达省份的不发达地区的人扣除掉，我们发现真正来自发达地区的仅 4 人。

也就是说，在地理位置清晰的有约 pao 或被包养需求的 23 名女性中，有 19 人来自"老少边穷"地区。

以区域分，西北占了 5 席，东北占了 4 席。经济指标连年衰退的东北在这个榜单上的排名，让我想起去年很火的一篇文章，说做直播的女孩中来自东北的最多（正好今天早上又看见了一篇类似的）。具体我就不说了。

或许会有人说作者搞地域歧视。不是，我也出生并成长于"老少边穷"地区。我的家乡甘肃省很不争气，在这个榜单上占了3席；更要命的是，其中有2名竟来自省会兰州。

前几天看到一篇文章说，在过去二十多年里，全国的重点大学中，衰退最严重的是兰州大学，兰大衰退的根源是兰州这个城市的衰退。兰州女孩在"摇一摇"的榜单上排名靠前，跟兰州大学的衰退其实是同样的原因。

因为我不太会做图表，数据用这样的方式堆积会显得比较凌乱，现在，我可以用一句话概括一下这些数字里面的规律：越是"老少边穷"地区的女孩（通常是不怎么读书的女孩），越可能喜欢在微信上"摇一摇"。

我敢不负责任地断言，除了约 pao 和"求包养"，这些女孩在玩"摇一摇"的时候没有其他动机。不要跟我瞎扯什么是为了"找人陪伴"，找人陪伴的最终目的还是约 pao 和求包养。

约 pao 需求，我个人的直觉是，发达地区的寂寞女并不会比"老少边穷"地区的寂寞女更逊色，甚至前者的需求还要更旺盛一些。如此看来，"老少边穷"地区的女孩在前面的榜单上之所以能战胜发达地区的女孩，必然是因为她们在"求包养"方面的需求比后者更强烈！

可能有人会反驳说，包二奶现象多发生在大城市。对，没错。可是，别忘了，这是因为包二奶的男人大多住在大城市，可被包养的女孩大多来自"老少边穷"地区。

我经常说，攀比酒量、强行劝酒、家长里短、贪图吃喝玩乐、玩直播快手等各种低级趣味，都集中发生在"老少边穷"地区。作为从"老少边穷"地区出来的人，我只能哀其不幸，怒其不争。

包养价格会被你们给拉低

差点忘记了，来自广东地区的四名女性中，有一名地址不详。我倾向于断定她是"东莞小姐"。

对"东莞小姐"来说，能找个愿意包养自己的男人就是"进步"了。

别忌讳。去年热炒的"裸条贷"事件表明，对一部分女孩来说，被包养是一种"刚需"。当一个女人没办法了，她便希望找一个男人来包养自己。

移动互联网、社交网络的出现，让一些既爱慕虚荣又好逸恶劳的女孩可攀比的范围扩大了，因此有被包养需求的女性数量也在指数级地增加。可是，有包养意愿并且也有包养能力的男人的数量并没有大幅度增加。这就导致包养市场上女性的数量出现过剩。

僧（女）多粥（有钱的男人）少，导致有被包养需求的女性之间竞争激烈，这就拉低了包养价格。最后，搞得大家都既没捞到钱也没享受到女子服务。

求包养真不是个啥正道，还是好好工作才会心里踏实。

更何况，鉴于"真正的有钱人都在忙着上真正的美女，没时间上网"，潜力股们也都在忙着挣钱，没心思玩摇一摇，因此你根本无法通过"摇一摇"遇见有能力包养你的人。你能遇到的，都是想免费睡你的屌丝。

当然，上一句说得不完整，除了遇见想免费睡你的屌丝之外，你在摇一摇的时候说不准还会碰上苏老师这样碰巧在微信上"做研究"的屌丝。但苏老师这样的屌丝是有洁癖的，即便是你倒找钱，他也不会睡你的。

所以，姑娘别再傻等了，能包养得起你的男人不会在这里出现。

PS：比较欣慰的是，在34名被纳入统计范围的寂寞女中，来自长三角地区的只有1名。大概是这里的女孩都忙着自我奋斗呢，没心思约pao，更没有必要求包养吧。大城市女孩对自我奋斗的看重，跟"老少边穷"地区女孩及父母对她"找个有钱人嫁了"的期许形成鲜明对比。

38. "不欢迎屌丝"的上海，怎么可能诞生一流企业？

"上海的文化其实特别势利，他根本就不欢迎屌丝，创业起步阶段的屌丝在这个城市很难生存。"当朋友问"上海的资源那么丰富，却为何很少诞生一流企业"的时候，我随口这样回答。

上海有很多"土生土长"的大型民营企业，但真正在全国范围内具有超级影响力、成为行业翘楚的并不多，至少跟深圳相差甚远。最为外界所熟知的上海本土企业，应该算分众传媒、复星集团和早已风光不再的盛大网络了，但这三个企业，有一个共同点：他们的创业过程特别顺利，甚至用"一夜暴富"来形容也不夸张——分众传媒的江南春早在学生阶段就完成了资本的原始积累，等大学毕业的时候已经特别有钱了；郭广昌和陈天桥在创业前还都是体制内精英，混得如鱼得水。他们在创业的过程中，都没有经历过睡地板的屌丝阶段。

我为什么特别强调"睡地板"呢？因为，上海的文化是，他们热烈欢迎已经功成名就的马云、俞敏洪和马化腾，但是如果是还在睡地板的屌丝马云、俞敏洪和四处借钱的马化腾在上海创业，上海人民会称他们为"乡下人""乡巴佬"。

上海不仅不欢迎屌丝，也不欢迎"外地人"。因为外地人就等于"乡下人"。"外地人"这个词，也只有在上海这个地方才如此"意味深长"。曾经有个段子说，一北京人去拜访一个上海大户，仆人开门后进去向主人汇报："外面有个乡下人找你。"北京人听了不爽，纠正道："我是从北京来的。"于是，仆人又向主人改口道："有个从北京来的乡下人找你。"

在把外地人当"下等人"看待方面，受过良好教育的上海年轻一代还好些，但那些老上海"土著"呢？他们自己什么德性，也许只有自己最清楚。

之前，有在上海做销售的朋友告诉我，他们打电话的时候，有客户直接说："我不接受外地人的面访。"当我还是学生的时候，曾在一个手机修理店里亲眼目睹过一个上海女人因为一点小纠纷而对店主言语羞辱："外地人，乡下人，不要脸。"然后，指着自己的车问："外地人，这样的车，你有吗？"有钱人蔑视穷人的现象，在其他地方当然也存在，但这样赤裸裸地说"外地人""乡下人"的奇葩景观，也许是一部分上海人的"专利"了。

一个城市的兴旺发达，不能全靠本地人，尤其是一流企业，更是从千千万万的小创业公司中脱颖而出的。而从几率上，绝大多数的创业者都只能是"外地人"，而不是本地人。外地的创业者在上海扎根，能超越"屌丝阶段"而直接迈入"上流社会"的少之又少，除非能力超强再加上运气绝佳。我敢断定，有不少本来可以做成大企业但在一时半会儿尚无法摆脱"穷酸气息"的创业者，都过早地被这个势利的城市给排挤到"乡下"（上海之外的城市）去了。

庸众的势利，是草根精英脱颖而出的最大障碍

说到上海人歧视"外地人"，就不得不说一下与此一脉相承的是坐落于上海的复旦大学，也瞧不起"下面的学校"。

复旦的大部分学生，尤其是本科出身于复旦的毕业生，往往自认为"血统很高贵"——我毕业后的前几年，与复旦同学聚到一起时，有好多人总是喜欢提（有意识或者无意识）一问题："你们公司的同事都是什么学历，都是哪些学校毕业的？"另一个更荒唐的问题则是："他们知道你是哪个学校毕业的吗？"

相当多的复旦老师也在给他们的学生们灌输"等级意识"，这些复旦老师常常将外省市的高校称作"下面的学校"（如厦门大学、四川大学就曾"享受过这种待遇"），言外之意，他自己就是处在"上面的"学校。真恶心，人家又不是你的二级学院，又不存在领导关系，你又不是中央，凭啥叫人家为"下面的"呢？

"按理说"，应该是所有的"名校"师生都会有这种优越感，但实际情况却不是。在其他名校，对"下面的学校"的歧视都没有这么明显，只有复旦人才会如此赤裸裸。因此可以说，复旦人能有这幅德行，在很大程度上是受上海文化熏陶的结果（不知交大是不是也这样）。

比如，复旦的研究生喜欢问外校考进来的研究生：你本科在哪里？复旦有一个说法"一流的本科、二流的硕士、三流的博士"，意思就是，硕士和博士的总体水平被那些外来的"杂牌军"给拉低了。但在人大和浙大就不是这样。

因工作关系，我跟中国人民大学的一位博士生导师相熟，这位老师是70后，他的第一学历是专科——在西部地区一所很没名气的学校（高职）读的，但有一次聊起"第一学历歧视"时，他告诉我："我在浙大读研究生和人大读博时，都没有遭遇过第一学历歧视。人大到现在都没有。第一学历歧视，就我所知道的，清华有点，北大、浙大、南大、南开都没有，所以推测一下，有第一学历歧视的可能只是少数学校吧？"

这位老师还告诉我："当初，我专科毕业后想考研，可很多大学都有'同等学力'要求，就是必须先自考本科毕业。只有浙大等少数学校直接收专科生，不然我也没机会。这也可以解释为何只有浙江才有中国最有活力的企业群。见过这么多大学，浙大是我认为最具大学精神的。"

为何说浙大精神可以解释"为何只有浙江才有中国最有活力的企业群"呢？这位老师解释道：浙大有两个优点：鼓励创业；能力重于出身。后一个优点的背后就是包容大气——这个，上海的大学则做不到。"上海人能把杭州看成乡下，所以，你们复旦瞧不起'下面的学校'，那是很自然的。"

一个是"能力重于出身"，一个是特别关注你是毕业于"上面的学校"还是"下面的学校"，在这个问题上，复旦跟浙大的差距实际上就是上海跟浙江的差距。

刚好，前几天看到一篇文章《一个杭州打败了整个广东》，讲中国民企格局的。文章说，在全国工商联发布的《2015年中国民企500强》榜单里：浙江134家，江苏93家，山东48家，广东40家；入围企业最多的城市，不是北上广深，而是杭州——上榜企业55家。而浙江民营企业数量及入围"中国民营企业500强"数量已连续17年居全国首位。

如果要想在商业上取得更多的成就，上海应该多学学杭州，复旦也应该多学一学浙大。

上海的文化还有一种特点：爱装，过于注重形式。这一点也可以从复旦跟"下面的学校"的对比中看出来。

9年前，我大学毕业的时候，在不明就里的情况下，跟风去照相馆花80块钱拍了一张"职业照"，拿到照片后惊讶无比："我怎么长得这么秀气？"后来才知道，有一种技术叫PS。同学们花那么多钱去拍照，就是冲着PS去的，但对我这个没有此需求、根本不需要PS一个"不真实的自己"的人来说，就等于是"上当受骗"了。本来，这张经过PS的照片是需要彩印出来贴简历上的，但我后来在其他城市找工作的时候发现，简历上根本就不需要照片。

我们在上海的同学，求职面试的时候都西装革履的，我还以为面试的时候就"应该这样"。后来，我去西安、苏州、杭州、昆山面试的时候惊讶地发现，一群应聘者里面，别人都穿的休闲装，只有我这个能力最差的穿得人模狗样的。那种不自在的感觉简直不能提。

前两年去成都工作，跟同事聊起这个事，他们一下就乐了。"以前，我们办公室就有一个人是你们复旦毕业的，其他人都穿休闲装，就他一个人常年西装，显得很与众不同。我们还以为复旦的人就都喜欢穿西装呢。"但我想说的是：不是"复旦人都喜欢穿西装"，而是上海这个城市的文化认定了"穿西装更好"。

一位长期在深圳经商的朋友告诉我，深圳人在着装方面就随意多了，不像上海人这么讲究，更不会随意对别人的穿着指指点点。

之前看到中华英才网前总裁张建国回忆他当初在华为接受任正非面试的经历："1990 年的华为不过是一家 20 多人规模的公司，面试的那一天，天气格外闷热，我来到深圳南油 A 区 16 栋 801 室。我进去后，公司老板说先冲个凉再说。一会儿功夫，老板穿着裤头、光着膀子就出来了。"也就是说，任正非是在一栋居民楼上的小房间里，穿着裤头面试了张建国——后来担任了华为市场部副总裁。我们想想，假如华为是在上海创立的，前来应聘的是一个上海人，任正非这幅着装、在这样简陋的办公室里面试他，这个上海人会愿意留下来吗？

一位在长三角一带经营企业十多年的朋友告诉我："如果跟上海的客户打交道，他们特别喜欢看你穿了什么衣服、开了什么车。请他们吃饭，他们特别关心去的是怎样的酒店。但在浙江的话就随意多了。"

上海人对形式的讲究，在他们自己看来是追求生活品质、是精致、是高大上的小资情调；但问题是，这种讲究只适合要求自己，不太适合拿来要求或衡量别人——在别人看来，这样显得很无聊。尤其是，创业者们都有更有价值的事情要做，他们哪有心思放在这些不重要的琐屑之事上？

在硅谷，能有无数个企业在车库中诞生，但在上海这么势利的环境中，这几乎不可能。

在商业环境方面，上海最需要的是一种包容精神，对外地人、对屌丝、对不注重形式的创业者们的包容。

39. 感谢碎片化阅读，让我少奋斗了十几年

自微博风行以来，"碎片化阅读"一直是一个饱受诟病的问题，各路知识分子（学者、媒体人等）纷纷为国民阅读水平的下降感到忧虑。

碎片化阅读的弊端是显而易见的。不仅大学生不再读书，上课时间也在刷微博、刷微信，甚至连一些四五十岁的大学教授、媒体人也整天泡在微信里，他们也承认自己变得浮躁了，"超过 2000 字的文章就看不下去了"。总体上，碎片化阅读使读书人的知识水平下降了。

但这显然并不是碎片化阅读的全貌。那些原来不读书、不看报、不上网的人呢？碎片化阅读对他们来说是"负能量"还是福音呢？

在微博时代，碎片化阅读的主体还是白领、大学生及制造业的部分年轻蓝领——这些人几乎全部都生活在城市；但进入微信时代，越来越多的农民也成为微信公众号的订阅者。曾有研究者说："微信的最牛之处是，它让一些原来从不用 QQ 也从不上网的人成了微信的用户。"太对了。在微信之前，我在农村长辈们（60 后，初中以下学历）即便用的是智能手机，也并不会用 QQ，更不可能上淘宝，但微信的"简单好用"把这一切都改变了。

我老家在甘肃的农村，在我们家族的微信群里，我发现好几个连

26个英文字母都认不全的叔叔婶婶们也很活跃——当然，他们主要是用语音说话，而不是打字。他们不懂拼音，但认识汉字。现在，微信据称有7亿活跃用户，我估计至少有三分之一是他们这个文化水平（初中以下学历或者是略高一点）的人。他们也会在群里分享一些鸡汤或者新闻资讯。读书人所鄙夷的"碎片化阅读"，对这些人来说是弊大于利呢，还是利大于弊？

我认为是利大于弊。因为他们一直都不读书，在碎片化阅读出现之前，除了电视机，他们基本上没有其他获取资讯的渠道；现在，微信阅读的层次尽管普遍不高，但毕竟为他们的视野打开了一扇窗户。碎片化阅读让他们的知识水平提高了。

前后对比可发现，碎片化阅读是一把双刃剑：一方面，它使得原来认真读书的人变浮躁了、知识水平降低了；可在另一方面，它也使得原来不读书的人的知识水平提高了。"劫富济贫"的结果是，这两个群体在知识水平上差距缩小。原先，这两个群体因为缺少交集，对话比较少；现在，碎片化阅读就成了他们的交集，因此与之前相比，他们开始有了一点"共同语言"。

上面说的，还只是知识的消费者之间的平等。另一方面，知识的生产者之间也逐渐趋于平等了。

在博客、微博和微信出现之前，知识的生产权垄断在专家学者、作家、公知、媒体人等知识分子手里，像我这样的普通屌丝根本就没有什么发声的机会；即便是说出来了，也没有人鸟你。但在微博和微

信时代，人人都可以成为知识的生产者，草根也可以跟那些知名大 V
去同台竞技，并且在民主投票机制下，草根还有获胜的可能。我有个
朋友就是一个草根，但他在微博上有超过 1000 万粉丝，这是很多大 V
也不具备的影响力。

五年前，我曾向出版社的朋友请教过图书出版的问题，结果他们
告诉我：草根的书只有小说题材他们才愿意出，其他题材的只能自费；
但名流的书可以任性地出。然而，三四年后，微信公众号彻底改变了
这一切。过去的两年里，我的很多草根朋友因为在微信公众号上产生
了影响力，赢得了图书公司的青睐，很快就出了书（非小说）——当
然不是自费的了。有个朋友的书出版不到半年，销量已经突破 10 万
册。

自媒体时代，作者跟作者之间的竞争常常是凭实力说话，而不是
看谁的知名度更高。据我所知，有不少实力强大的草根作者，常常被
几十家甚至上百家图书公司哄抢。我的一位读者员杰，年初的时候为
了怂恿他给我的个人微信公众号投稿，我对他许诺："你坚持写，等写
够 10 万字了，我把你推荐给国内前三甲的图书公司。"结果，他只在
我这边发了三篇文章，就有前三甲图书公司的人主动向我打听他了。

在碎片化阅读时代之前，这简直是不可想象的，我们这些名不见
经传的草根根本就没有这样的机会。在"从事碎片化写作"之前，我
根本没有任何写作经历，我也不敢写。记得大学毕业前，有同学建议我
去媒体，我还胆怯地说："作为一个学文科的人，我居然不会写文章，简

直太丢人了。"但毕业后在博客上的碎片化写作改变了这一切。

2010 年，当我还在制造业里做一名销售员的时候，我开了博客，但那时开博客的动机则极具讽刺意味。此前，我经常在人人网发一些零碎的言论，结果有很多人说"你这个人太愤青了"，我当然不服气了——我思考了一下，发现了真相：倘若在我的"语录"后面署上鲁迅、柏杨、李敖的名字，则不明真相的群众看了之后会称赞"哇塞，好深刻啊"；但倘若是在鲁迅、柏杨、李敖的话后面署上我这样一个无名小卒的名字，同样一批人民群众则会骂"你太愤青了"。既然庸众是不具备思考能力的，那么为了摆脱"愤青"的标签，我就必须先通过博客炒作，让自己变成个"名人"。

现在，我的文字比六年前更加犀利、更加"愤青"，但再也没有人骂过我"愤青"，因为我通过炒作使自己的"身价"提高了。我享受到了"鲁迅的待遇"，实现了一个草根跟名人之间的平等。

但这种"平等"都得益于我对"碎片化写作"的坚持。

不过，倘若我是在"前博客时代"写作，极有可能因为自己水平太差，写出来的东西没有人回应，我就没动力坚持了；而在博客时代、微信时代，尽管我写得很烂，但读者要求不高啊，他们经常给予我一些"碎片化回应"，使我有动力坚持下去。

写作的过程是一个不断地整理思绪、扩展思维的过程，长期持之以恒地坚持碎片化写作，哪怕写的是流水账，也能使自己水平极大地提高。作为一个通过"碎片化写作"脱颖而出的作者，我对这个"碎片化阅读"的时代充满感恩之情。如果没有碎片化阅读,我可能永远都只能待在制造业里了。

感谢碎片化阅读,让我有机会从一个纯粹的内容消费者"晋升"为内容的生产者。

最后,在碎片化阅读时代,知识的消费者与生产者之间的距离也缩短了,关系变得平等。

读者常常给作者留言,跟作者交流,这可能给作者带来新的灵感,促使他写一篇新的作品。在这个意义上,消费者也参与了内容的生产。

在过去的半年里,通过微信上的阅读,我勾搭上了五六个"(放在以前)只能在电视上看到的人",里面还有百家讲坛的知名主讲人。我也有不少读者,在公众号后台留言中勾搭我,结果在几番互动之后,我发现他们水平相当之高,我成了他们的"粉丝",上文提到的员杰就是其中之一。

在以前,知识的消费者跟生产者之间的关系仅仅是"粉丝"跟"偶像"的关系,但这个碎片化阅读的时代,消费者跟生产者之间很容易通过互动而成为朋友——真正的、平等的朋友。

最后再总结一下,我说"碎片化阅读使知识更加平等"包含了三个层面的平等:知识的消费者之间的平等、知识的生产者之间的平等、知识的消费者与生产者之间的平等。

40. 从那些"弃暗投明"的快递员身上，能看到当年的出租车司机的影子

2016 年以来，时不时就传出"许多快递小哥都去送外卖了，因为送外卖赚得更多"之类的新闻。

传说，送外卖能够"月收入上万"。据澎湃新闻等多家媒体报道，上海的快递员月收入在六七千左右，而送外卖的收入能比现在高出50% 左右。百度外卖相关人士也向澎湃新闻透露，春节过后，百度外卖确实在招聘过程中发现，很多快递员改行来送外卖。

据一位在饿了么工作一年的送餐员透露，他每月能赚 9000 元左右，比送快递时多赚 3000 元。除了每月能多赚 3000 元，跳槽到外卖的员工更看重转正后的"五险一金"。而在快递行业，"三通一达"快递员都享受不到"五险一金"。

一单外卖的配送费至少 5 元，1 个小时就送到了；而有些快递，即便是配送费只有 6 元，经过层层流转，也需要一两天时间。如此看来，快递与外卖在利润上存在着巨大的差距，因此在劳动力争夺战上，前者败于后者似乎是理所当然的。

可是，这种格局会长期持续下去吗？

送外卖一个月挣多少钱是"合理"的？

其实，快递员跳槽去送快递，早已经不是什么新鲜事了。早在2015年11月底，浙江在线就有报道说，大概有20%的快递员转行去送了外卖。

可是，一年多时间过去了，快递公司却依然没有被掏空，甚至2016年还成了快递公司的密集上市年。也就是说，快递公司的劳动力流失并没有我们想象得那么严重。

之所以并没有出现所有的快递员都纷纷改行去送外卖，有一个很重要的原因是，送餐员的收入并没有传说中的那么高。

送外卖虽然每单的价格比较高，但一趟送不了几单。从外卖员电瓶车后面那个箱子的容量来看，一次最多能装个十几份，况且有时候为了赶时间，根本凑不满一箱就"开送"了；甚至，据新达达的某快递员透露，一次只送一单的情况偶尔也会发生。

外卖也不像快递那样随时都有订单。通常，午餐和晚餐时间是送外卖的高峰期，夜宵会有一点，但不多，其他时间段几乎没有。通常，一个对路况和楼宇很熟悉的送餐员一天顶多能送四十多份；但每天送二三十份的也很常见。

假如送餐员每个月工作30天无休，则全月最多能送1300单左右。商家给的送餐费每单5元，如果全部给送餐员，就是6500元。不过，事实上外卖公司的薪酬结构并不是这个样子。

以新达达为例，送餐员的收入结构是：每一单商家给 2 元，平台还给补贴 5.5 元左右，每一单能拿到 7.5 元，不少配送员一天能送 40 单左右，那么算下来日均收入能超过 300 元，每个月挣个万儿八千不是难事。

百度外卖的薪酬结构是：4200 元（月送单量 600 单）+3 元／单（超过 600 单以上）。月送 600 单就可以拿到 4200 元的基本工资，算下来，每送一单可赚 7 元。

美团的薪酬结构是：2500 底薪 +3 元每单（550 单内），超过就是 7 元一单。如果一个员工送了 550 单，那他的收入共是 2500+550×3=4150 元，平均下来每送一单可赚 7.55 元。

我们前面说过，送一单商家给的配送费只有 5 元，按正常的商业法则，这 5 元钱并不会全归送餐员，平台还得"瓜分"一部分，用于平台自身的经营管理和利润。如果送餐员每送一单能赚 5 元，平台就已经亏损了，连经营管理成本都收不回来；而现在，送餐员每单赚 7.5 元，这意味着每送一单，新达达和美团等平台就得亏损 2.5 元以上。

根据我们在前面的计算，送餐员一个月最多送 1300 单，商家给的配送费是 6500 元，那么如果市场是健康的、外卖公司是正常经营，在扣除各种成本和自己的利润后，付给送餐员的薪水（包括税收、五险一金等）应该是低于 6000 元的。这样，送餐员的到手工资，应该不会超过 5000 元。

据《中国青年报》在 2016 年 6 月份的一则报道，当时由于人手多、季节性等原因，整体的工作量有所下降，饿了么、美团外卖、百度外卖等几个外卖平台的送餐员的平均工资大约为 4000 元，"而半年前，可以拿到约 2 倍。"可见，送餐员的收入也有旺季和淡季之分。而淡季的收入，是不会超过笔者在上一段计算出的数额的。

滴滴司机的"命运"与送餐员的未来

现在的送餐员"月收入上万"，完全就是被资本的烧钱补贴催生出来的泡沫。它跟当年的"滴滴司机月收入过万"是同一个泡沫的不同版本。一旦哪天补贴停止了，送餐员"月收入上万"的神话就破灭了。

2014 年末、2015 年初，当财大气粗的滴滴专车开始不惜成本给乘客和司机补贴的时候，"滴滴司机月收入过万"的神话四处流传。于是，有不少出租车司机坐不住了，已经缴纳的押金和份子钱也不要了，自己买了辆车来开滴滴了。他们满心以为，月收入上万的故事能够永远持续下去。

结果，现在我们都很清楚了。随着滴滴和快滴合并、滴滴和 Uber 合并，滴滴在取得垄断地位之后取消了给司机的补贴。现在，滴滴司机的收入还不如出租车司机了。

事实上，早在 2015 年 11 月份接受浙江在线的采访时，百世汇通杭州分公司经理刘吉也曾指出，"快递员的收入相对稳定，而外卖烧钱补贴都是一阵子的事情。"

在补贴之下形成的价格都不是真实的市场价格。补贴并没有创造出新的价值，它只是改变了价值的分配方式，进而扭曲了价格。美团、饿了么、百度外卖都不是上市公司，查不到公开的财务报表，但其至今处于亏损状态则是公开的事实。现在，持续对消费者和送餐员进行补贴的结果就是，订单越多亏损越多。

这些亏损将来会如何捞回来？要么是在现有流量的基础上找到新的盈利模式，用新业务来填平过往的损失；要么是打垮或合并竞争对手，在取得垄断地位后取消补贴——对快递员，不仅取消补贴，而且还要从商家给的 5 元配送费里面抽取一部分。

可以想象，在补贴结束之后，不仅消费者吃外卖更贵了，而且送餐员的收入将会出现断崖式下跌；并且，因为订单量减少，外卖平台对送餐员的需求将减少。届时将出现送餐员向快递公司"回流"的盛况。

然而，外卖公司要继续做生意，就不能坐视送餐员流向快递公司而不管。他们会向商家收取更高的配送费，重新提高送餐员的薪水。

从长远看，人力争夺战的结果必然是送餐员和快递员"同工同酬"，薪水趋于一致，这才是一个均衡的状态。但快递公司和外卖公司斗来斗去，最终遭殃的是投资人和消费者——投资人更多的钱被烧掉了，消费者（网购及外卖）承担的物流成本更高了。

链接：送外卖真的比送快递更赚钱吗？

事实上，即便是在当前外卖平台对送餐员进行补贴的情况下，送外卖的收入也不一定比送快递高。因为送快递比较容易积累到稳定的大客户，而送外卖的却很难跟客户建立长期稳定的关系。因此，一些有稳定客户的快递员并不愿意跳槽去送外卖。

2016 年 12 月 4 日，58 同城招聘发布了《2016 城市服务业高薪榜》，数据显示，北上广深四大一线城市中，送餐员的平均月薪达到了6829 元，快递员的平均月薪为 7028 元。也就是说，送餐员虽然是高薪职业，但还是跟快递员的薪水有一点差距。

2016 城市服务业平均薪资榜 top10

单元：元

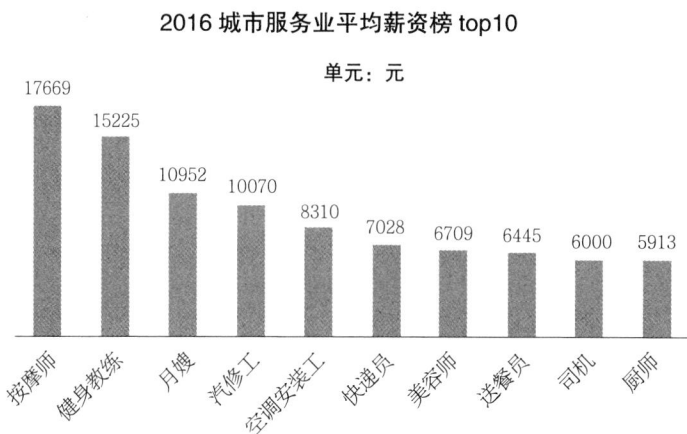

按摩师	健身教练	月嫂	汽修工	空调安装工	快递员	美容师	送餐员	司机	厨师
17669	15225	10952	10070	8310	7028	6709	6445	6000	5913

或许，58 同城的统计结果跟现实有所偏差，但这至少说明，送餐员的收入并不会比快递员高多少。莫非，那些喜欢编织"送外卖比送快递赚钱"神话的人，都是掉进了"田忌赛马"的陷阱，将收入最低的快递员跟收入最高的送餐员相比，所以才得出这样的结论？

41. 假如你到了 35 岁，还竞争不过 25 岁的人

"兄弟，你怎么看待像我这类长期在工厂打工、年龄偏大一些的人何去何从的问题？" 在微信上给我留言的是我八九年前的同事，他今年35 岁。

我在电话上回他说：给别人提供方案，这是一件很难的事情。坦诚讲，你的问题我没有能力回答。甚至，我自己虽然早已离开了工厂，但我现在也会有"35 岁之后怎么办"的焦虑。

如果你到 35 岁还"当不上领导"

几个月前，《深圳两套房仍面临失业，中年财务危机有多可怕》的文章火起来后，网上又出现过一篇《比买不起房更可怕的是，35 岁以后你还能干吗？》。这篇文章里面提出了一个曾经让我琢磨过很久都没完全搞清楚的问题。

2009~2013 年那四年，我在江浙沪一带做销售，前前后后跑过上

百家工厂，后来总结出一个规律：在外企和民企里面，基本看不到 35
岁以上的人；确切地说，在这些公司的"普通员工"中看不到 35 岁以
上的人。全公司范围内当然会有不少 35 岁以上的人，但这些人都集中
在管理层。

【注："35 岁以上"还是"35 岁以下"并不确切，只能说"看起来
像"了。有一个可能是，外企和民企的员工精神状态好，心态年轻，
所以即便是过了 40 岁了，但脸上仍然是"不到 35 岁"？ 在个别人身
上也许是这样，但放到"国企员工"和"外企员工"两个群体身上作
比较，这种可能性不大。】

难道是这些企业的员工都很上进，随着年龄的增长能力快速增长，
到 35 岁之后都被提拔到了管理层吗？ 显然不可能，因为正常情况下，
应该是坑（35 岁以上的员工）多萝卜（管理岗位）少。

只有一种可能性：除了在普通员工的招聘中明确限定为"35 岁以
下"外，在老员工的续聘方面，一般是过了 35 岁或接近 35 岁时还无
法混进管理层的，公司将不再雇佣（这一条，不可能落实到白纸黑字
上，但肯定是这么暗箱操作的）。

那么，到了 35 岁依然没有能力或没机会去"当领导"的去哪儿了
呢？ 据我的观察，在尚未经过市场化改造的国企以及跟前者一样混乱
和没效率的民企（县域）里面，有一大把超过 35 岁的"普通员工"。

注意我在这里用的限定词，还能给 35 岁以上的"普通员工"提供
容身之处的国企，几乎一定是"尚未经过市场化改造"；民企几乎一

定是"跟前者一样混乱和没效率"。反言之，如果国企经过了市场化改造、如果小县城里的民企是追求秩序和效率的，它们也照样不大可能接纳35岁以上的"普通员工"。

但与"35岁以上的普通员工"的总数相比，"尚未经过市场化改造的国企"跟"没效率的民企"的数量显然是非常少的，后者无法给前者提供充足的就业岗位。那么问题来了：那些从外企和民企"消失"、又不能进入国企的"35岁以上的普通人"都往哪里去了？

一年半以前，我曾经把这个疑问告诉中国人民大学的一位老师，希望他能提供个答案，结果这个老师告诉我：长期以来，有大量的失业并没有被纳入统计数据。

失业之后，这些人不得不"自谋出路"，也就是说去"创业"了。然而，创业这种事岂是人人都能"玩得转"的？现在的创业环境跟柳传志、任正非当年中年创业的环境大不一样了，互联网和房地产这种创业，门槛太高了，普通人的创业通常也就是摆个地摊、开个餐馆、卖个菜这些门槛比较低的行当。

但门槛低也意味着竞争激烈，在这些红海市场上，只有极个别人能挣到钱，大部分人都是吃了上顿没下顿。

为什么35岁之后就"没人要了"？

似乎，社会正在残酷地惩罚"35岁以上的普通人"。只是，为什么呢？是职场对"35岁以上"的人有歧视，还是说这个群体自身存的问题比较大？

1. 一只老鼠坏了一锅汤

从我自己多年的观察以及做HR的朋友给我的反馈来看，人在职场上有一种"越老越不要脸"的倾向。刚进职场的时候，大都做事认真负责、兢兢业业，但一上了年龄，脸皮就变厚了，不仅做事缺乏责任心，而且根本就不想做事，连自己的分内之事也想办法推托给一些刚入职场的年轻人。

三十出头还在底层岗位上浑水摸鱼的人，到了四五十岁之后，可能也仍然在一个底层岗位上；并且，这个时候他的工作态度比以往更加消极，混日子、等退休、等死就成了他的常态（不努力——尝不到努力带来的甜头——没动力努力，就是这样一个恶性循环）。

这些老油条往往没有是非观、没有羞耻心，别人说他们也没什么用。遗憾的是，万恶的《劳动法》对这些废物的权益往往是过度保护的，结果公司就成了他们的养老院。这样的人，老板肯定是欲除之而后快。

你是不是这样的人？或者你身边的同事中有没有这样的人？欢迎

对号入座。

虽然这些垃圾员工并不能代表"35岁以上"这个群体，但他们很容易使得用人单位对这个群体产生一种刻板印象，结果其他的好员工也被冤杀了。真可谓"一只老鼠坏了一锅汤"。

2."对不起，你是个好人"——好员工的尴尬

这里说的"好员工"是跟第一条里面的"垃圾员工"相比，仅指态度端正，做事认真，但这样的"好员工"跟优秀员工相距十万八千里。优秀员工是那些不仅工作态度非常好，而且在某个方面能力过人，具有不可替代性的员工；而"好员工"差不多等于"对不起，你是个好人"。

如果老板能找到足够多的优秀员工，他肯定不想要"大龄好员工"。因为，刚刚大学毕业的"低龄好员工"实在太多了，无限量供应，并且价格还极低。你到35岁了，要还房贷、要养老婆孩子、父母，工资低于6000元，你根本没法干；而那些应届生为了拿到offer，"毫无底线"，哪怕不到3000块，他们也干！

况且，35岁的你，动不动要接送孩子、要给孩子看病，你不仅不能加班，还需要经常请假，效率当然不如年轻人。还有，你不能接受经常出差，而对应届毕业生来说，出差则被视为"能长见识"的"福利"。如果你是老板的话，你会更喜欢谁？

也许，你会认为"我有10年经验"。不，你只是"把1年的经验

用了 10 年"而已,这不是"10 年经验"。可能,在你职业生涯的前一两年里,通过经验的积累你得到了很快的成长,但在后面的 9 年里做的事,只是对第一年的重复而已。

有价值的经验一定不能只是量的积累,还得有质的突破。就像你有 10 年搬砖工的工作经验,跟 1 年经验有什么区别吗?没有。你有 10 年拧螺丝的经验,跟 1 年经验有区别吗?没有。所谓"熟能生巧"在这里并没多大意义,除非你特别善于思考,在拧螺丝的过程中想出了一套提高效率、减少浪费的方法。但如果能这样的话,你应该早就不会是一名螺丝工了。

可以确定的是,如果你到 35 岁干的岗位还很普通,那就意味着这个岗位并不是核心岗位,也就是说,哪怕这个岗位让个能力稍微差点的人来做也不会有太大的损失。因此,老板宁可要一个能力哪怕比你稍微差一点的应届毕业生。

35 岁之后怎么办?

有没有想过,如果你到 35 岁之后失业了,你能去干嘛?创业?创业的门槛要比打工高得多。你在打工的时候输给了应届毕业生,你凭什么相信自己在创业的时候会比应届毕业生更强呢?

当 35 岁的"普通员工"遇上了 25 的年轻人,有一个很极端的例子:35 岁的你在开摩的拉客,这时共享单车来了,你的饭碗又被砸了（不是开玩笑，摩的司机中 35~40 岁的人很多；ofo 的创始人戴威是1991 年出生的，去年他刚刚 25 岁）。

我的亲密战友 GL 同学曾经说过：屌丝在年轻的时候还可以拿文艺来麻醉自己，老了之后就直接被生活扫射。然也。

面对"35 岁危机"，"好员工"需要提前做好准备。最重要的是这几条：

1. 无论是创业还是继续打工，关键都得增强专业能力，让自己具备不可替代性。如果你专业能力很强，以干事业的心态去打工，既能取得不错的收入，也会收获成就感；如果没有专业能力，创业必死无疑。

2. 如果一份工作你完全能够胜任，做起来毫不费力，那你可以考虑跳槽了。因为做一份自己完全能胜任的事情纯粹是浪费时间。

3. 业余时间不要全花在打游戏、看肥皂剧和刷淘宝上，多阅读一些有价值的东西，了解社会及经济趋势的变化，以防不测。

4. 要有储蓄意识。别今朝有酒今朝醉，适当地攒点钱。这样，万一哪一天突然失去工作了，你不至于连吃饭的钱都没了，也不至于老婆马上跟你离婚。

这里只有读者，没有"粉丝"

通过过去几年的自由写作，我积累了不少读者，现在我个人的微信公众号上也有近 10 万"粉丝"。很多朋友跟我说话时经常会说"你的粉丝如何如何"或"XXX 是你的粉丝吗",我总是纠正道:"不是粉丝,只是读者而已。"

我为什么不肯称他们是"粉丝"呢?因为如果别人是"粉丝",那我就成"偶像"了,可是我这点半桶水的水平又不配成为偶像。况且,"粉丝"跟"偶像"之间的关系是无法平等的,我如果视别人为粉丝,就是在居高临下地看别人。

读者需要向作者学习,写作者更需要向读者学习,甚至要对读者有感恩心。如果没有读者,我不可能一直坚持写作到现在。

4 月中旬,偶然听见秦朔老师在一场演讲中纠正一个说法:"我们的订阅用户应该叫'读者',而不是'粉丝'。"我当时的第一反应是:跟对人了。

我们既坚持写自己感兴趣的作品,又坚持服务好读者。在传统媒体上,用户看什么,基本上是由编辑、编委决定的,而新媒体,尤其是微信公众号这种带有社交属性的自媒体,将权力的中心下放给了读者自己。

在传统媒体,尤其是体制内媒体里,一篇稿子好不好,完全是由领导们用一些条条框框来评判,以至于领导们评出来的"好稿",我这个非科班出身的人常常"找不到感觉"。反而在自媒体上的某些受到一些文化素质很高的读者高度好评的文章,如果发到我原先供职的体制内媒体上,能给个"B-"就不错了。

现在，在自媒体上读者用手指投票，这就最大限度地保护了读者的权益。

当然，我们并不盲目追求点击量，质量才是根本。秦朔老师多次强调："先叫好，再叫座。"因此，在这个碎片化阅读的时代，秦朔朋友圈发的文章，大多是一些"费脑子"的、需要用心思考的文章。

既服务好读者，又不刻意迎合读者，不为了片面追求点击量而发一些盲目取悦读者的文章，这样才能持续地为用户创造价值。

在秦朔朋友圈做记者，压力有多大？

多年来，面对任何一份新工作，我的不自信都是根深蒂固的。因此，刚被秦朔朋友圈录取的时候，我最担心的是"如果试用期不能通过，该咋办"。

然而，越是害怕就越不能逃避，所以我一般面对自己感兴趣的选题，不管有没有能力拿下，"先抢到手再说"。我还始终坚持，列一个2000字的提纲，需要先阅读5万~10万字的材料，很多朋友都说我采访的时候发问质量高，这并不是因为我有什么天赋，而是在背后下过苦功夫。

当年，我转行进入媒体之前，曾找一些在业内的同学帮忙，结果有人给我泼冷水说记者这个工作"钱少、压力大"，不值得干；我后来还多次在"职业压力排行榜"上看到了"记者、编辑"。

然而，我当记者三年多以来，从未感到"压力大"。

或许会有人断言"那你肯定是没有认真工作啊"。这可就大错特错了。连续在两家媒体单位，我的工作稿件在数量上都是最多的，在质量上也属于中偏上水平。我常常晚上写稿到十二点多，周末当然也基本是在工作了，我也一直乐在其中。

根源何在？"在你看来，一天工作12个小时是正常的。"某位同学一语道出了本质。是的，在我的世界里，一天工作12个小时都是正常的，一点儿都不过分。

9月份，我特别忙，因为卖房子的事情，先后上海到昆山往返4趟，每次基本都得一天。但即便是这么忙，截至我写这篇文章的时间（9月27号），这个月我一共写了工作稿件13篇，个人公众号上的鸡汤文11篇，几乎是每日一篇，并且质量还都不错。

前几年，一直有朋友说我是一个"高产的作者"，我从来不承认，不过现在我开始承认了。那么问题来了：这么高产，我是怎么做到的呢？

我其实"挺没人性的"。面对朋友发出的"有空出来聊聊""有空一起吃个饭"这种邀约，我常常表现得很无奈，真的是抽不出时间啊；然而，自己给自己找活儿干、加大自己的工作量（听讲座、采访、写稿），在这种事情上，我永远都是有时间的。

与很多从业三五年后就丧失激情的"老记者"不同的是，我到现在还一直把自己当成"应届毕业生"或"实习生"。

秦老师经常在微信群里发一些讲座和论坛的信息，我从来没有认为这是"工作任务"，相反，我一直认为这是福利。因此，我总是抢在第一时间报名。作为一个曾经的学渣，在学生时代，复旦的讲座资源都被我给浪费了。然而，那四年欠下的债，在过去的几个月里我基本都给补回来了。

8月底去西安参加完亚布力企业家论坛，回来后我一共出了7篇稿子，写到后面我都"有些不好意思了"——论坛都结束快1个月了，你还在写这个论坛上碰撞出的火花，别人会不会嘲笑你没效率？而且，别人都写一两篇，你写六七篇，会不会有人怀疑你收了主办方的"车马费"了呢？

其实，没这么复杂，一方面是因为精彩的有价值的内容确实太多，另一方面，跑那么远去采访，路费和时间都花了不少，如果不多产出几篇稿子，怎么对得起这些付出呢？

亚布力企业家论坛召开之前，我并未收到主办方的邀请，是我自己申请要去的。早在7月份，无意间从网上看到这个论坛的召开信息之后，我就留意了一下，希望能参加一下——我这种没见过世面的土鳖，急需多参加几个高端会议，长点见识。

亚布力企业家论坛期间，在一个关于共享经济的分论坛上，我采访到了易到打车创始人周航。那场活动的主持人是我2008年在《赢在中国》上看到的吴鹰，本来我坐在吴鹰的后面，但担心举手提问的时候吴鹰看不见我，于是在论坛快结束的时候，我把座位调整到了吴鹰的前面。在提问环节，我是第一个举手，马上就被吴鹰看见了，我暗自佩服自己的"心机"。

我想起几个月前参加联想的活动，群访杨元庆的时候，我一开始抢了个第一排最中间距杨元庆只有 2 米的位置，然而并没什么卵用，我连续举手两次，他都不搭理——前两次获得提问机会的都是杨元庆能叫得上名字的"老朋友"，他直接点名"请 XX 开始提问"。

不过，到第三次我再举手的时候，他就不好意思视而不见了。我想起一个朋友的一句话：特别积极主动的人，别人都不好意思拒绝你。

《百年孤独》的作者马尔克斯在从事文学写作之前曾经是个记者，他有一句名言：哪怕像只狗一样忍辱负重，记者也是最好的职业。 这话我很有同感，当然，我倒没有过多少"忍辱负重"的感觉，我只是感到快活。

今年上半年，相亲节目《非诚勿扰》上有这样一段情节：某个男嘉宾在自我介绍环节说自己的职业是"自媒体编辑"后，所有的女嘉宾全部灭灯。尽管不能排除节目"纯属恶搞"，但已进入"加班狗"行列的自媒体编辑在婚恋市场上不受欢迎则是公开的秘密了。

自媒体人又被称为"公号狗"。仿照马尔克斯那句话，我可以说一句：哪怕"没人嫁"，再也没有比"公号狗"更好的职业了。

每一个吹下的牛皮都需要去实现

2013 年 5 月份，在从制造业转行进入媒体前，因为既不是应届毕业生，也没有相关工作经验，并且此前还没有在媒体上发表过作品，所以没有多少人愿意给我面试的机会。最后，通过在简历上做了一些夸大其词的自我吹捧，终于迎来了成都一家杂志社的面试机会。面试的时候，为了给面试官洗脑，我打足了"情怀牌"——

"在今天来面试的人中，我应该是年龄最大的一个，也可能是唯一一个半路出家的。"然后，我又话锋一转："但是，我最近通过马克吐温、欧亨利、王小波、黄仁宇等人的经历，总结出一个规律：在很多领域，尤其是在文学艺术思想领域里，半路出家的人要比那些科班出身的人更加有可能取得出色的成就——不是绝对数字，而是比率，譬如，科班出身者十个里面只有三个能混出个模样，而半路出家的，十个里面则可能有五六个都'混得不错'。

看着他们脸上惊讶的表情，我知道自己的谬论引起了他们的兴趣，于是便接着补充道："这看似奇怪，实则在逻辑上很容易解释——一个人科班出身去干一份差事，大都是出于本能和习惯，是为了'混口饭吃'，与爱好志趣关系不大，所以不会怎么投入；而当一个人选择半路出家去做一件事情的时候，他要么是兴趣浓厚、破釜沉舟自断后路，要么是其他路都走不通，因此会格外投入——既然已经不存在'备胎项'了，当然能在这个新领域投入极大热情并取得成就了。"

现在，跟很多科班出身的人作比较，我敢大言不惭地说：曾经吹过的那个牛皮已经实现了。

前段时间，王健林的"小目标"很火，我就也给自己订了一个"小目标"。

有一次，跟秦朔老师谈工作上的一些事情。秦老师问我："这几个月，感觉自己最适合写哪块？"我没正面回答，而是说："我觉得自己目前做的内容比较散，我更希望以后能聚集于一个领域，以研究的方式来写，然后成为这个领域里的专家，再出一本专著。现在，是我采访别人，我希望，以后是别人来采访我。"本以为秦老师会鄙视一下我的自不量力。结果，他给我讲了一下"如何成为一名专家"。

知遇之恩当涌泉相报。也为了不辜负自己，在未来的几年里，我就要努力成为一个小领域里的专家。但愿能够在 40 岁之前出一本商业财经类的书。如果能成，这也算是一个"转型升级"吧。

后记：当"35 岁危机"来敲门

当朋友听说我也在为"35 岁以后怎么办"而焦虑的时候，他很惊讶：你们搞写作的，应该是越老越吃香吧？

我说：你的话，一半对，一半不对。专业能力强并且还持续提高的，会越老越吃香；但像我这种老是在同一个水平上不断重复的，很可能被年轻人替代掉！

我的危机感从未停止过。

2011~2012 年，我二十七八岁，当时还在做销售，那时我偶尔会想：如果到四五十岁了还出去跑销售，身体吃得消吗（我对管理岗位没丝毫兴趣，觉得还是业务岗有意思。所以才会出现"四五十岁还在一线跑"的假设）？要不凭借兴趣和特长进入媒体算了（虽然我进媒体主要是因为热爱，但也不能说没有一点"风险规避"的考虑）？

2013 年下半年，历经周转之后终于进入了媒体。在进媒体的第一年，我明显感觉自己的水平突飞猛进。刚开始写的稿子经常被主编说"像论文一样枯燥乏味"。2014 年 4 月份有一次评刊会，杂志社的所有人都把枪口指向我，批评我稿子写得烂，说我的开头像党报；但到了2014年下半年，我的专家学者对话稿件已经形成了自己的特色，并且也有连续几期的深度调查收到好评。

但进入15年后，我发现自己遇到瓶颈了，好像是在原地踏步，虽然我对工作依然充满激情，但已经不能像原先那样让我有成就感了。我开始考虑：长期在这里待下去，以后怎么办？

虽然自己的微信公众号也取得了了不起的成绩，但只是把它当业余爱好做，并没有指望靠它生活。但后来的事实证明，做公众号对我后来的职业生涯帮助特别大，公众号的成绩及由此而来的"半年内连续出了三本书"写在简历上"简直屌爆了"。

2015年末，我发在公众号上的《80后 | 你们是'被坑的一代'，但我活在最好的时代》被秦朔朋友圈转载，嗅觉灵敏的我立马意识到，"这可能是个机会"。于是，有一次在跟一个整天只知道混日子并且还用各种闲聊给办公室制造噪音污染的同事吵架后，我立马决定跳槽，"离开这个充满淤泥的环境"。就这样，我在连薪水是多少都不清楚的情况下稀里糊涂地来到上海，加入了秦朔朋友圈。

我在很早之前就想进财经媒体，以前因为条件不具备，就先进入党报系统"曲线救国"，现在总算如愿以偿了。

我曾对我老婆说：我在一个行业干一年，抵得上别人干三年。所以，这虽然是我进入财经媒体的第一年，但我的稿件水准并不逊色于很多老记者。当然，能达到这样的水准并不是靠吹牛吹出来的，我平时的工作状态是这样的（直到现在依然如此）：

除了我老婆，只有求知（写作、阅读、与高水平的人交流）才是真爱，因此，对所有与求知无关的事情，我都充满深深的敌意，我认为这是浪费我的时间。

有一次去广东的一个广告客户那里采访，我反复交代："中午在食堂吃工作餐就行了，我急着写稿子，没时间去太远的地方吃饭。"然而，他们还是把我拉很远"吃好的"，连续两天都是这样。

我敢断定，他们这么高规格地招待我，不全是出于热情，而是很多记者比较小人，如果客人没招待好，就不好好写稿子。我之前在四川的时候有一次去乡镇上采访回来，就有同事问："对方请你吃什么、住什么。"（采访情况如何、收获怎样她一句都没有问）她想以此来断定采访对象对我是否重视。广东这个"热情接待"我的客户，应该是把我也当成这样的小人了吧。

他们不仅把我当小人，而且还违背我的意志浪费我的时间，我非常生气。我后来吐槽的"当一个人跟你实在没啥共同语言了，就会不停地招待你'吃好喝好'"就是针对他们的。

去年底有一次去郑州采访，为了逃避主办方邀请吃饭，我从下午三点住进宾馆后就一直关机，直到晚上十一点半才开机。中间他们来宾馆敲门，我也装聋作哑没回应。我一直躲在房间写稿子、查资料。

结果，第二天上午媒体群访他们董事长的时候，包括凤凰网在内的绝大多数记者的提问，那个董事长都没回答，说工作人员"会后给些资料"就行了。但我的三个问题他都回答了，并且在回答别人的问题时又好几次跑题来回答我的提问。有这种反差，我想都是因为当其他记者在酒桌上鬼混的时候，我在关机写稿查资料。

我很享受这份工作，但后来也遇到了一些问题。这些年，我每次换工作都是顺便换行业，并且都在原有基础上有质的提高，从这一点上，我是比较欣慰的。然而，由于我从未在一个领域里深耕过，这就导致我缺乏专业知识的积累。

春节后，我提出了辞职。在辞职前，我跟老板说得很实在："在我工作的这么多年来，这边的平台是最好的，这也是我收获最大的一段经历。但我现在感觉到，咱们平台上的东西做得有点散，没有形成聚焦，每次的主题都不一样。我平时写的大部分是'商业观察'，但坦诚地说，我这个水平是写不了商业观察的。真正的商业观察，应该是在一个领域里深耕过多年的条线记者（纸媒也成为"口子记者"）来写，他们才能写得驾轻就熟，也才有深度。像我这种没积累的人去写商业观察，只能网上找资料去拼凑，无非是我的角度比别人好一些、标题比别人好一些而已，没有多少真正属于自己的东西。我平时比较喜欢看 36 氪这种垂直媒体上的稿子，估计很多文章的作者也就 25~26 岁，我觉得他们大都写得比我好。可我都已经 33 岁了，知识水平还不如一些二十多岁的人，这实在无法接受。接下来，我希望能在一个领域深耕几年，成为这个领域内的专家，然后写出来的东西能够给水平比我高的人看。最好再能出一本专著。"

"成为一名专家",这跟我在上一篇中提到的"通过提高专业能力来预防'35岁危机'"是一脉相承的。老板深明大义,对我的意见表示赞同,这样,我就辞职了。

在这次换工作的过程中我发现,我做自媒体的成绩及在秦朔朋友圈这一年的经历在用人单位那里的认可度极高。以前找工作,都是简历投出去就石沉大海了;但这次,是接触了7家,就有6家录取。以前,差不多总是我卑微地问别人"你要不要我";现在,则变成了用人单位问我"你愿不愿意来?"

还有一个年销售额超过10亿的公司的老板对我说:"苏老师,公司现在的情况向你汇报一下。"是你面试我,又不是我面试你,汇报什么?虽然是开玩笑,但也在用这种方式表示对我的重视。

2月中旬,我在杭州面试时,当新老板问我的期望薪水时,我在说完自己的期望值后补了一段:坦白地说,工作这么多年来,我一直不敢跟别人谈薪水,因为我认为自己没有资本,我怕一提薪水别人就不要我了。所以,我每次提出的都是自己能接受的最低价位,我的想法就是"先进来再说",当然,事实上也从来没有谁在薪水问题上亏待过我(后来,一同事在知道这事儿时说我:"像你这种真性情的人,别人要么对你恨得要死,要么就相见恨晚引为知己。")。

3月初,我加入吴晓波团队做跨境电商产业研究。曾经有几次,我对朋友说:其实,我们公司的核心业务是跨境电商培训,我做的在我们公司算是后勤服务。不过没关系，对公司是边缘业务，但对我自己说就是核心业务，我就要把它做好，积累我的专业能力。

为了尽快实现"成为一个专家"的目标，我把晚上和周末的时间都充分利用起来了。期间，我还做了一件"很帅的事"——

我们领导为了帮助某个无事可做的政府官员"刷存在感"，邀请他来给我们开讲座"如何提高工作效率"。我觉得世界上最没效率的事就是听官员讲工作效率！而且，我的效率已经很高了，你一个整天打官腔的人有什么资格跟我讲工作效率？于是，我本来是星期三出差的，但为了不听这官员的无聊讲座，我把出差时间挪到了他来开讲座的那一天。太机智了有没有？

但 4 月 18 日，我们部门被裁了，然后，我失业了。

因为我觉得随时都能找到工作，所以这次失业并没有让我感到恐慌。相反，我觉得失业是一个机会。之前，有朋友邀请我合作写一本商业的书，我一直没时间，现在终于可以做这个了。我对老婆说：这个，脱产写书的风险很大，在经济上是亏损的；但对我来说，意义重大。以前写的鸡汤集，在我看来根本不算"书"，我需要借这个机会转型。

粉条儿在微信上表达了对我的支持："像你这种自制力超强的，就适合做自由职业者！"

我深深地理解，做自由职业者及在家办公的意义并不在于"自由"，而在于提高时间的利用效率，减少浪费。我也明白，做自由职业者最需要的就是管理好自己的能力。所以，这两个月我的状态是这样的：

1.以前在单位上班的时候，我每天早上八点十分起床，周末一般睡到十点半；自5月初做了"自由职业者"以后，我每天早上七点十五起床，周末也不例外。一天就干这几件事：看书、写作、跑步、做饭。

2.平均一年才看一回电视剧，而且必须是带有很强的"知识性"，不能单纯以娱乐为目的。前几天为了写个文案被迫看10集电视剧，我特别沮丧。

3.除了很亲近的人、曾经有恩于我的人以及确实需要帮助的人，我基本不会跟任何人在微信上闲聊。别人有事找我的话，如果一两句说不清楚，我通常都是电话解决，不会在微信上浪费时间。

4.有时候，老婆忍不住给我塞个零食，我会哭笑不得。我一直觉得，零食是个累赘，吃零食是一件麻烦的事情。吃零食浪费不了多长时间，但它会破坏我原来做事的"连续状态"。

5.我几乎每天都会去买菜做饭，我也享受这个过程，因为这是一个调节休息；并且，炒一道菜，就跟写一篇文章一样，也是我的"作品"。然而，我非常排斥花很长时间去个很远的地方吃饭，嫌浪费时间，这种情况下再好吃的东西对我来说都是负担。

我对老婆说："在很多方面，我其实挺没人性的。所以，跟我一起生活，你有时候会有压力，也可能会觉得我很无趣。但我确实不愿意把时间花在无价值的事情上面。""我知道人性有弱点，但我会努力让'人性的弱点'在我身上失效，我希望那只是别人的弱点，而不是我的弱点。"

时不时地有猎头找我，大都是"新媒体主编"，但我的回答一般都是：我并不想做主编，我更喜欢做一个"普通记者"。主编，都算是管理岗位了，破事儿太多——要经常开会、要经常应付一些能力和态度都不合格的"下属"，这些事情都既无法增进智慧，也无法提升我的专业能力，我觉得是把时间浪费在没价值的事情上面了；我还是觉得，在业务线上做一个"精兵"，要更有价值一些。

我一直说，我更看重知识积累，知识的积累要比资源的积累有价值多了。一方面是因为对我来说，"知识即趣味"；另一方面，也只有知识的深度积累才能给我带来安全感，让我不至于担心自己在 35 岁之后会被 25 岁的年轻人给干掉。

今年是我大学毕业十周年。我对老婆说：我在过去十年的进步是非常大的，甚至完全超出我的预料。但我现在最担心的是，晚年在回忆的时候，这十年成了我"进步最快的十年"了。我并不希望自己的"成就"被定格在现在，我还是更期待各种"不可预测性"。

有好几次跟朋友聊天的时候，对方都会问我一句："你的书卖得怎么样了？"我经常是会突然一愣：啊，想起来了，原来我还出过几本书啊。然后，再回答朋友："有好久没有问出版方要过数据了，不太清楚。"

只有在写简历、写文章"盘点"的时候，我才会想起"2016年出过三本书"这个"了不起的成绩"，但大部分时间我是想不起来的。我觉得，这种迟钝是一件好事，因为：1.迟钝是因为我总是忙着做更重要的事情，而没有满足并停留于"出了三本书"这个微不足道的"成就"；2.我对自己之前出的书都不满意，我不情愿也不应该把它们视为我的"最高成就"。

有一次，一个业务合作伙伴看到简历，问我之前写的书，我突然遮遮掩掩不好意思跟他提——已经33岁了，还在写鸡汤，太丢人了。

希望在35岁之前能有一个"更高的成就"出来，然后，以后再从简历上把我这些令自己感到尴尬的"成就"给删掉。